W0368453

Finde deinen Stil

Inhalt

Motivation und Intension

Viele meiner Kolleginnen und Kollegen haben Bücher geschrieben, die sich mit Mode, Geschmack, Dos und Dont's in der Kleidung, Farbe und Stil beschäftigen. Bekanntlich werden Fachbücher von Menschen gekauft, um ein Problem zu lösen, etwas besser zu können oder neu zu lernen. Das bedeutet, dass diese Bücher Anleitungen sein müssen, die nachvollziehbar zu einem Ergebnis führen – und dies ist aus zwei Gründen beim Thema »besser angezogen sein« nicht einfach:

A Kleidung soll schmücken und ist daher sehr optisch geprägt! Stoffe, Farben und Schnitte werden durch Sehen und Fühlen wahrgenommen. Das wiederum ist durch Buchstaben in einem Buch nur schwer zu vermitteln.

B Fachbücher sind immer eine Hilfestellung, mit der konkreten Umsetzung ist der Leser allein. Es gehört also auch eine Portion Umsetzungsvermögen dazu.

C Oft ist der Autor bemüht, möglichst alle Leserinnen und Leser gleichermaßen anzusprechen. Dadurch besteht aber die Gefahr, dass die Tipps zu allgemein gehalten sind.

Warum ich mich trotzdem wage, Ihnen mit einem Buch auf der Suche nach Ihrem Wohlgefühl in der Kleidung weiterzuhelfen, hat folgende Gründe:

Mein Beruf ist meine Leidenschaft und Kleidung bedeutet mir selber sehr viel. Durch mein Wissen kann ich anderen Frauen in den Beratungen helfen, sich mit sich selbst und ihrer Kleidung wieder anzufreunden – und das ist mir sehr wichtig. Viele meiner Kolleginnen haben viele Seiten darüber geschrieben, (manche auch etwas geschimpft) dass Anmut, Eleganz und Weiblichkeit verloren gegangen sind und Bequemlichkeit über allem steht. Anna von Griesheim schreibt zum Beispiel in ihrem Buch »Einfach gut angezogen«: Es macht mich immer etwas ratlos, wenn ich feststelle, dass manche Frauen Angst haben, sich zu ihrer Weiblichkeit zu bekennen, denn ich sehe sie als unseren unverwechselbaren Schatz, den zu verstecken es keinen Grund gibt.«

Ich musste ein wenig schmunzeln, als ich das las, da ich mir manchmal schon Sorgen mache, dass ich mich wie eine hängen gebliebene Schallplatte anhören könnte, wenn ich zum wiederholten Male in den Beratungen zu mehr Mut zu Kleid und Rock mahne. Ja, die weiblichen Kleidungsstücke sind weitgehend von der Straße verschwunden, elegante Mode zu unbequem geworden. Sicherlich ist das schade, und auch ich werde hin und wieder daran erinnern, wie schön es ist, eine Frau zu sein und die weiblichen Kleidungsstücke wie Kleid oder Rock tragen zu können. Vielleicht ist es immer noch eine Zeiterscheinung, die in der Befreiung von Korsett und anderen Zwängen, die Frauen dazu treibt, nicht schön, aber bequem angezogen zu sein.

Ich denke aber, der häufigste Grund ist schlicht und einfach Unsicherheit. Wir sind es gewöhnt, alles zu lernen, was wir zum Leben brauchen und werden heute in der Schule so sehr getrimmt, wie noch nie in der Geschichte. Wir werden immer intelligenter und haben Zugang zu enormem Wissen in allen möglichen Kanälen. Doch etwas ist verloren gegangen, und das merken vor allem wir Frauen: wir lernen das Gleiche wie die Männer, können alle Berufe machen, die wir wollen – aber wir sitzen nicht mehr mit den Frauen der Familie oder mit Freundinnen zusammen, nähen und häkeln, tauschen uns darüber aus, wie man am besten einen Mann bekommt und welcher Stoff am schönsten beim Ball am Abend schimmert. Gott sein Dank, wird nun die ein oder andere Leserin rufen, das wäre ja auch schrecklich altmodisch. Da haben Sie recht - nur gibt es keinen Ersatz!

Wenn Frauen zu mir kommen, die extrem unsicher in ihrem Styling sind, liegt es oft an fehlenden Vorbildern und Lehrern: sie sind nur mit Brüdern aufgewachsen, die Mutter hat sich selber nie viel aus Kleidung gemacht etc. Denn auch heute werden kleine Mädchen von ihrer Umgebung geprägt, und auch heute ist die Mutter meist unser modisches Vorbild. Von ihr stibitzen wir den ersten Lippenstift oder borgen die hohen Schuhe aus dem Schrank – oder eben nicht.

Das bedeutet nicht zwangsweise, dass Sie dann so werden. Ich habe zum Beispiel nicht nur einen Beruf ergriffen, der sich mit Mode beschäftigt, sondern meine Liebe zu Mode, Schminken und Schmuck, auch ohne dass meine Mutter da extrem interessiert war, ergriffen. Aber auch sie sagt bis heute: »Das hast du von deiner Oma!«. Und vielleicht ist da was dran.

Tatsache ist, dass wir nichts von alledem lernen, was wir täglich brauchen: wie ziehe ich mich so an, dass ich auch gut darin aussehe? Wie schminkt man sich eigentlich richtig? Was mache ich bloß mit meinen Haaren? Und so weiter!

Und aus Angst, etwas falsch zu machen, lassen es viele lieber ganz sein. Und das, da gebe ich meinen schreibenden Kolleginnen recht, finde auch ich wahnsinnig schade!

Hilfe gibt es, Regeln auch. Sie können lernen, sich richtig zu kleiden, zu schminken, zu stylen. Jede so weit und so viel, wie es zu ihr passt. Und mit der Sicherheit kommt die Freude – das ist wie bei allem anderen im Leben auch. Erst wenn Sie sicher Fahrrad fahren können und nicht nach jeder Kurve umkippen, macht die Fahrradtour Spaß! Vorher ist sie einfach nur Stress.

Ich habe versucht, in diesem Buch soweit wie möglich wie Sie zu denken, damit meine Tipps und Anleitungen gegliedert und nachvollziehbar sind und Ihnen den größtmöglichen Nutzen bieten. Sollte es mir nicht immer gelungen sein, sehen Sie es mir bitte nach: die Menschen sind heute so individuell, dass ich vielleicht nicht an alle denken konnte. Manches ist auch nur in einer persönlichen Beratung zu klären.

Was ich voraussetze, ist ein Grundinteresse an sich und seinem Äußeren! Ich werde in diesem Buch nicht darauf eingehen, dass ein gepflegter Körper wichtig ist, T-Shirts mit »flotten« Sprüchen und eine nicht altersgemäße Kleidung stillos sind. Und dass Sie hier, wie ich schon sagte, eine Anleitung in den Händen halten – die Lösung müssen Sie, anderes als in einer Beratung, leider selber umsetzen.

Ich wünsche Ihnen viel Spaß und hoffe sehr, es zu schaffen, Ihnen wieder Freude und ein neues, gutes Gefühl mit Ihrer Kleidung und Ihrem täglichen Styling in meinen Zeilen mitgeben zu können!

Endlich was anzuziehen!

Eigentlich ist dieses Buch schon fast ein Buch für die Männer! Denn es rettet sie vor dem Satz, den die meisten Männer entweder kommentarlos ignorieren, der sie dazu veranlasst, fluchtartig das Zimmer zu verlassen, oder zur Weißglut bringt. Dieser Satz ist allen Anscheins nach entweder dem weiblichen Geschlecht angeboren – was zwar nicht wissenschaftlich erwiesen wurde, aber als ziemlich wahrscheinlich gilt – oder aber er ist über Generationen hinweg von Frau zu Frau weitergegeben worden:
»Ich habe nichts anzuziehen!«

Könnten wir Mäuschen spielen, würden wir diesem Satz in vielen Schlaf- und Ankleidezimmern begegnen, sicherlich nicht nur in deutscher Sprache! Jeden Morgen ist er zu hören und noch häufiger am Abend, wenn ein festliches Event ansteht. Und manch ein männliches Mäuschen wird sich angesichts der überquellenden Kleiderschränke fragen, wo denn eigentlich das Problem liegt!

Bei den meisten Frauen ist es nämlich tatsächlich nicht der Mangel an Kleidungsstücken, der sie vor die tägliche Frage stellt, was sie heute tragen sollen. Oft sind die Schränke bis oben hin voll! Ist es also eine Krankheit, die in unserer Wohlstandsgesellschaft den Blick für volle Schränke trübt? Sind wir so in der Wegwerfgesellschaft gefangen, dass wir Kleidungstücke nur einmal tragen und dann nicht mehr anrühren möchten?

Nein, das ist es nicht. Denn die meisten Besitzerinnen voller Schränke ziehen nur einen winzigen Teil des Inhalts auch an! Oft beschränkt sich die tatsächlich getragene Garderobe auf ca. 10 Teile, die angezogen werden. Der Rest ist oft in Vergessenheit geraten. Oder, und das ist der häufigste Grund, warum Kleidungsstücke, oft noch mit Preisschild, in den dunklen Ecken der Schränke darauf warten, getragen zu werden: Frau weiß nicht wie und wozu oder fühlt sich eigentlich gar nicht gut darin!

»Nichts anzuziehen zu haben« entsteht nämlich aus drei grundlegenden Problemen: Erstens der Ansammlung von Einzelstücken, die sich nicht kombinieren lassen. Zweitens durch den Kauf viele Stücke, die im Geschäft irgendwie noch toll aussahen, in denen sich die neue Besitzerin aber spätestens zu Hause gar nicht mehr wohlfühlt. Und drittens aufgrund einer Überforderung mit dem eigenen Kleiderschrank; hierbei fehlt es oft an Ideen, Kreativität und Mut, die zusammengewürfelten Kleidungsstücke wieder zu kompletten Outfits zusammenzuführen.

Dieses Buch soll Frauen dabei helfen, ihre Kleidung planvoller zu kaufen, stilvoller zu kombinieren und endlich wieder mit Freude zu tragen. Wir haben nie gelernt, uns wirklich mit unserem Aussehen zu beschäftigen, sich gut zu kleiden ist in unsere Gesellschaft ein Talent – man hat es, oder eben nicht. Was sich so einfach anhört, ist aber für viele von uns ein wirkliches Problem: denn sich gut anzuziehen ist etwas, das zum täglichen Ablauf und untrennbar zu unserem Leben gehört. Es ist nicht wie Geige spielen oder Ballett tanzen, also ein Hobby, das ich wieder aufgebe, wenn ich eben das Talent dazu nicht habe. Sich anzuziehen, sich gut zu fühlen, gepflegt aufzutreten und anziehend zu wirken, sind Voraussetzungen für alle Lebensbereiche; egal ob Alltag, Bewerbung, Beruf, festliche Anlässe oder die Partnersuche – unser Styling sagt viel über uns aus!

Und genau aus diesem Grund ist es mehr als seltsam, dass dieses Thema uns nie nähergebracht wird! Keiner zeigt uns, was uns wirklich steht! Keiner gibt weiter, wie wir uns schminken sollen, und keiner hilft, wenn der Kleiderschrank zur täglichen Zerreißprobe wird und die Laune für den ganzen Tag bestimmt.

Daher bin ich sehr glücklich, Ihnen mit meinem Wissen und durch meinen Beruf als Imageberaterin einige Grundlagen weitergeben zu können. Ziel dieses Buches ist, Ihnen zu zeigen, wie Sie sich eine optimale Garderobe aufbauen können, die zeitlos und trendbewusst, überschaubar aber vielfältig ist. Und in der Sie durch ein einziges neu erworbenes Teil mit einem Schlag zig neue Outfits haben!

Kleidung macht Freude! Und die möchte ich Ihnen wieder geben!

Kleiner Ausflug in die Welt der Farben

Farben sind überall um uns herum. Wie wichtig und auch heilsam Farben sind, haben viele Therapien mittlerweile belegen können. Und auch für unsere Kleidung sind Farben die Grundlage: denn kein Kleidungsstück hat keine Farbe! Helle oder dunkle Farben, knallige oder zarte – jede Saison und jeder Trend ist geprägt von ihnen. Ich bin immer wieder etwas erstaunt darüber, wie wenig bekannt die Wirkung der Farben auf unser Aussehen ist. Viele Frauen tragen einfach alles oder gerade die Farben, die ihnen am allerwenigsten stehen, und das Erstaunen ist groß, wenn ich einer Kundin die Wirkung der Farben auf ihr Gesicht zeige. Manchmal habe ich den Eindruck, als wäre diese »Farbtypgeschichte« so etwas wie eine Legende; sie könnte wahr sein, so genau weiß das jedoch niemand…

Ich kann Ihnen versichern, dass die Veränderungen, die Farben in Ihrem Gesicht bewirken, enorm sind. Für den Rest dieses Buches sollten Sie mir das glauben – oder Sie machen schnell eine Farbtypbestimmung und überzeugen sich selbst! Ich mache in meinen Beratungen immer am liebsten ein kleines »Experiment«, indem ich unter die eine Hälfte des Gesichts eine »warme Farbe« und unter die andere Hälfte eine »kalte Farbe« lege. Die Wirkung ist auch für mich immer wieder verblüffend: die Gesichtshälfte über der Farbe, die nicht harmoniert, ist dicker, schwammiger, die Lippen schmaler, das Auge kleiner und müde, die Haut fahl und die Falten tiefer als auf der anderen Seite! Spätestens ab diesem Moment sind auch die letzten Zweifler umgestimmt.

Um zu verstehen, mit welchem Farbsystem wir in der Farbberatung arbeiten, möchte ich Sie auf einen kleinen Ausflug in die Schulzeit mitnehmen. Dort haben die meisten von uns im Kunstunterricht mit Aquarellfarben gemalt und dabei die Gesetzte der Farbmischung kennengelernt. Für diejenige, für die das alles Neuland ist: schnappen Sie sich den Wassermalkasten Ihrer Kinder, Enkelkinder, Neffen und Nichten und versuchen Sie es einfach!

Die Grundfarben

Aus unseren Tintendruckern kennen wir sie alle, die Grundfarben, aus denen sich alle erdenklichen Farben zusammenmischen lassen. Mich fasziniert es heute noch, wenn ich einem Tintendrucker zusehe, wie er seine Bahnen fährt und aus Magenta, Cyan, Yellow und Schwarz meine Fotos entstehen! Auf Deutsch sind uns die drei reinen Grundfarben als Rot, Blau und Gelb bekannt. Sie lassen sich aus keiner anderen Farbe mischen – aus ihnen jedoch entstehen alle Farben, die wir kennen.

Farben entstehen

Wichtig für Sie ist es, dass Sie verstehen, wie Farben entstehen und warum sie unterschiedlich aussehen. Das ist letztendlich ganz einfach: Je nachdem in welchem Verhältnis man die drei Grundfarben Rot, Blau und Gelb mischt, entstehen unterschiedliche Farben.

Stellen Sie sich einfach vor, Sie möchten Ihre Küche grün streichen. Wie Sie wissen oder sich durch Experimentieren mit dem Malkasten angeeignet haben, mischt sich Grün aus Blau und Gelb zusammen. Sie kaufen sich also einen Eimer, eine Tube gelbe Farbe und eine Tube blaue Farbe. Nun beginnen Sie, das Gelb in den Eimer zu leeren, sagen wir, zu 80%. Damit wir nun einen grünen Farbton erhalten, nehmen wir nun unser Blau hinzu. Da der Eimer schon zu 80% voll mit gelber Farbe ist, passen jetzt nur noch 20% Blau hinein. Unser Grün enthält also einen höheren Anteil an gelber als an blauer Farbe und sieht so aus:

Nun drehen wir das Experiment um: in den Eimer kommt nun 80% Blau und nur 20% Gelb. Und wie Sie sehen, haben wir nun eine vollkommen andere Farbe bekommen. Dieses Grün ist nun so stark blauanteilig, dass es sich kaum noch um Grün handelt – man nennt es häufig Petrol.

Diese Mischungen kann ich nun mit allen möglichen Farben machen:
Rot gemischt mit Blau ergibt Lila, je nachdem welcher Anteil überwiegt, ist dieses Lila eher pink oder eher ein Lavendelton.
Rot gemischt mit Gelb ergibt Orange, umso mehr Gelb, umso leuchtender wird es.
Die große Vielfalt der Farben entsteht nun, wenn ich auch noch weitere Farben mische, wie schon gemischte Farben miteinander, mit Weiß die Farbe aufhelle oder mit Schwarz abdunkle.
Wichtig für Sie ist es zu erkennen, welche Farbe einen höheren Anteil an Gelb oder einen höheren Anteil an Blau enthält. Denn das ist die Grundlage für die Entscheidung zwischen »warmen Farben« und »kalten Farben«.

Übung: Unterscheiden Sie, welche Töne mehr Gelbanteil haben und kreuzen Sie diese an.

Die warmen Farben

Wenn Sie an einen Sonnenuntergang oder ein Feld voller orangeroter Tulpen denken, dann wissen Sie, was warme Farben sind. »Warm« nennen wir alle Farben, deren Gelbanteil in der Farbmischung besonders hoch ist. Sie erinnern uns an Wärme, an Sonne, an Feuer – eine Assoziation, die gut als Eselsbrücke funktioniert. Damit sind alle gelblichen Grüntöne von ganz hell bis zu Moosgrün gemeint, Rottöne, die immer einen Gelb-Orangestich haben, Türkis, Brauntöne von hell bis dunkel und natürlich alle Gelbvarianten von Vanille bis Rostrot.

Die kalten Farben

Kalte Farben erinnern uns an das tiefe, kühle Meer, ein frische Brise und erholsame Schlafräume in Blau. Dementsprechend handelt es sich hier um die Töne, die einen hohen Blauanteil haben oder in der Mischung Blau enthalten. Das sind natürlich alle reinen Blautöne von hell bis dunkel, Pink- und Beerenfarben, Lila in allen Varianten, Petrol, blaustichiges Türkis. Zu den kalten Farben zählen auch Grau, Schwarz und Weiß sowie das eisige Zitronengelb.

Warum unterscheidet man warme und kalte Farben?

Als unfreiwilliger Begründer der Farbberatung wurde Johannes Itten bekannt. Als Schweizer Kunstpädagoge beschäftigte er sich mit dem Phänomen der Farbwirkung in unterschiedlicher Umgebung. So fand er heraus, dass die gleiche Farbe auf anderem Untergrund ihre Wirkung verändert, gut zu sehen an folgendem Beispiel: Sie sehen, dass das Weiß auf der schwarzen Fläche brillanter und leuchtender erscheint als auf dem Grau.

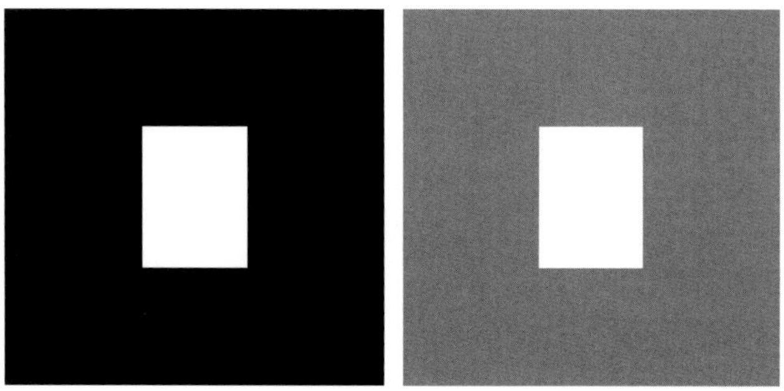

Ein weiterer Farbkontrast, der nun darüber entscheidet, ob uns bestimmte Farben »gut zu Gesicht« stehen oder nicht, ist der Simultankontrast.

Blickt das Auge längere Zeit auf eine farbige Fläche, so entsteht im Auge des Betrachters (simultan = gleichzeitig) die dazugehörige Komplementärfarbe, also die Farbe, die der gesehenen Farbe im Farbkreis direkt gegenüberliegt.

Sie können es selbst ausprobieren: schauen Sie längere Zeit ziemlich starr auf eine bestimmte Farbe, zum Beispiel Blau, die Sie vielleicht an eine weiße Wand pinnen. Nun schauen Sie schnell zur Seite auf die weiße Wand. Was sehen Sie? Wenn Sie es richtig gemacht haben, werden Sie nun einen orangenen Fleck auf der Wand erkennen – die Gegenfarbe zu Blau!

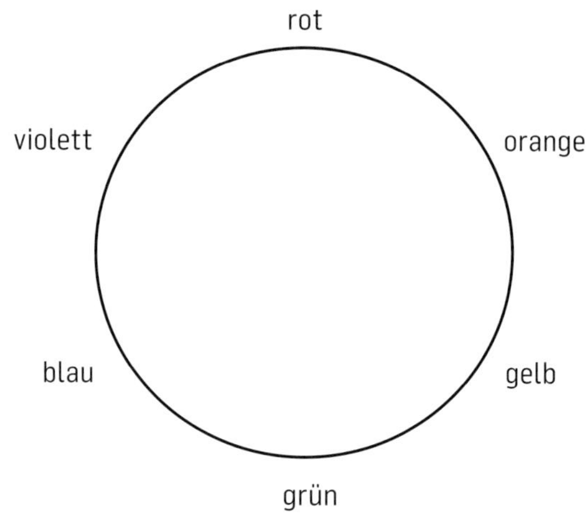

Legen wir nun eine farbige Fläche auf einen neutral weißen Untergrund, so wird dieser Untergrund nach einiger Zeit wie mit einem Schleier in der Komplementärfarbe zu der daraufgelegten Fläche überzogen.

Legen wir z.B. einen roten Karton auf einen weißen Karton, so entwickelt sich – zunächst an der Rändern der roten Fläche – ein grünlicher Farbschimmer, der nach und nach den gesamten weißen Karton ganz leicht grünlich erscheinen lässt.

Dieser Effekt tritt nur dann nicht auf, wenn der Untergrund bereits in der Farbe des daraufgelegten Kartons eingefärbt ist. Handelt es sich um einen leicht ins Ockerfarbene gehenden Karton, so tritt bei daraufgelegtem Rot der Simultankontrast nicht auf.

Der Effekt wird jedoch verstärkt, wenn der Untergrund bereits in der Komplementärfarbe eingefärbt ist. Handelt es sich in unserem Beispiel um einen leicht ins Grünliche gehenden Karton, so wirkt dieser bläuliche Karton nach dem Darauflegen einer roten Fläche noch blauer.

Komplementärfarben (Simultankontrast):

rot	**grün**
orange	**blau**
gelb	**violett**

Das oben beschriebene naturwissenschaftliche Phänomen hat große Bedeutung für die Farbwirkung unserer Bekleidung.

Erfreulicherweise ist unsere Gesichtsfarbe nicht grau oder weiß. Aber sie ist dennoch ein recht farbneutraler Untergrund, auf den die Farbe der Bekleidung nun also einwirkt!
Unsere Hautfarbe wird durch folgende – individuell genetisch festgelegte – Faktoren bestimmt: Das Hämoglobin (der rote Blutfarbstoff), die Blaufärbung des venösen Blutes, das Melanin (die Pigmentierung der Haut) und das orangebräunliche Karotin.
Je nach Mischung dieser Faktoren bekommt unsere Hautfarbe entweder einen ins **Gelbliche** gehenden oder einen ins **Bläuliche** gehenden Unterton.

1929 machte Johannes Itten in seiner Berliner Kunstschule eine folgenreiche Entdeckung: Im Harmonielehre-Unterricht einer Malklasse für Fortgeschrittene entdeckte er das Phänomen der »Subjektiven Farbklänge«: Seine vorgegebenen Harmonieklänge lehnten die Schüler ab, es brach Unruhe in der Klasse aus.
Auf Herrn Ittens Nachfrage meinten die Schüler, dass sie die von ihm diktierten Farbklänge gar nicht als harmonisch empfanden. Der Lehrer ließ sie gewähren und während seiner Abwesenheit ihre eigenen Farbharmonien zu Papier bringen. Die Schüler legten ihre Ergebnisse ohne Namen auf den Boden, und Itten stellte, als er wieder in die Klasse kam, zu seiner Überraschung fest, dass er die Blätter fehlerfrei den jeweiligen Kunststudenten zuordnen konnte. Was frappierend ins Auge stach, war die Übereinstimmung zwischen dem Äußeren der Studenten und den gemalten Farbharmonien.

Anfang der Sechzigerjahre wurde Ittens erstaunliche Entdeckung in Kalifornien wieder aufgegriffen und die heutige Typberatung entstand.

Johannes Itten: Kunst der Farbe.
Subjektives Erleben und objektives Erkennen als Wege zur Kunst.
Gebunden, Großformat, 158 Seiten, € 120,00
URANIA VERLAG, Stuttgart 1991, ISBN 3363009801

Wenden wir nun die Erkenntnisse über den Simultan-Kontrast an, so können wir folgende Entdeckung machen:

- Trägt ein Mensch, dessen Haut-Unterton ins Bläuliche geht, z.B. die Farbe Orange, so entsteht auf seinem Gesicht ein bläulicher Simultankontrast. Sein Gesicht wirkt dadurch eher ungesund und müde, Fältchen und Hautunreinheiten werden verstärkt sichtbar; das heißt, er wirkt abgespannt, fahl, unvorteilhafter. Seine natürliche Ausstrahlung wird durch die »falschen Farben« überschattet.
- Trägt ein Mensch, dessen Haut-Unterton ins Gelblich-Goldene geht, z.B. ein kühles Violett, so entsteht auf seinem Gesicht ein gelblicher Simultankontrast. Der Effekt ist der selbe wie oben beschrieben. Manchmal sieht die Haut dann sogar ein bisschen wie Pergament aus, meisten sehr blass und gräulich. Die natürliche Ausstrahlung der Person wird durch die »falschen Farben« überschattet.

Weitere Faktoren, auf die die Farben im Gesicht deutlich einwirken, sind die Augen, das Augenweiß, Haare, Lippen und Zähne. Auch hier ist jeder Mensch individuell und hat seine ganz eigene Pigmentierung. Es gibt Menschen mit heller Haut und hellen Haaren, andere sind dunkel und rassig, wieder andere haben dunkle Haare aber eine sehr helle Haut. Um nun die Farben herauszufinden, die nicht nur gut, sondern umwerfend aussehen, teilen wir die zwei großen Farbgruppen der warmen und kalten Farben noch mal, sodass nun vier Farbgruppen entstehen. Diese Gruppen sind nach den vier Jahreszeiten benannt, damit wir eine weitere, gut zu merkende Eselsbrücke haben und die Farben nicht verwechseln.

Zu den vier Farbgruppen passen Menschen, deren Äußeres mit den jeweiligen Farben perfekt harmoniert. Ausschlaggebend ist immer die Haut, da sie den größten Anteil in unserem Gesicht einnimmt. Gut zu wissen ist, dass sich Ihr Hauttyp niemals ändert! Sie kommen mit dem gleichen Farbtyp zur Welt, mit dem Sie auch die Welt wieder verlassen. Auch macht die Natur, so sehr manche Frau auch damit hadert, im Grunde nichts falsch: Ihre Haar- und Augenfarbe passt harmonisch zu Ihrem Hauttyp! Erst durch künstliche Bräune oder falsch gewählte Haarfarben entstehen Disharmonien, die sich unschön auf die Frische in Ihrem Gesicht auswirken können.

Trotz allem können gelesene Buchstaben nur Theorien vermitteln, die nicht auf alle Individualitäten eingehen können. Die Jahreszeitentypen, die ich Ihnen nun gleich vorstellen werde, sind die »klassischen Typen«, die leicht zu erkennen sind. Vielleicht haben Sie Glück und finden sich gleich. Wenn nicht, ist das vollkommen normal, denn es ist nicht ganz so einfach, wie es sich anhört! Behandeln Sie das Thema »Farbtypbestimmung« immer mit Vorsicht – eine professionelle Beraterin schaut Sie auch nicht einfach nur an und bestimmt dann Ihren Typ! In der Beratung arbeiten wir mit Tüchern, die abwechselnd unter Ihr Gesicht gehalten werden und mit System verglichen werden. Bei gutem (Tages-) Licht sehen Sie dann die Veränderungen und Unterschiede in Ihrem Gesicht deutlich. Dennoch werde ich später versuchen, Ihnen Tipps für eine (erste) eigene Analyse zu geben.

Die Jahreszeitenfarben und -typen

Warum heißen die Farbtypen bzw. die vier Farbgruppen der Farbberatung nach den Jahreszeiten? Hätte man sie auch anders nennen können?

Hätte man. Aber nicht allen fällt es immer leicht, die folgenden Farbgruppen auseinanderzuhalten. Ich erlebe es häufig in Seminaren, dass sich manch Teilnehmerin schnell outet, weil sie nicht so richtig zugehört hat! Oder weil es der ein oder anderen einfach etwas schwerer fällt, die Farbgruppen auseinanderzuhalten. Auch mir war zu Anfang, als ich in meiner Ausbildung zu Bekleidungstechnischen Assistentin nach dem Abitur das erste mal davon hörte, nicht so ganz klar, was denn nun diese Farben mit Jahreszeiten zu tun haben. Und warum nur hat der Sommer, der doch der wärmste Monat ist, kalte Farben???

Und noch einen wichtigen Punkt möchte ich zu den Jahreszeitentypen sagen: ich bin strickt dagegen, den Farbtypen Charaktereigenschaften hinzuzudichten! Diese Bestimmung ist rein objektiv und hat weder mit der Persönlichkeit noch mit dem Stiltyp etwas zu tun. Jeder Farbtyp kann jeden Stil verkörpern!

Ich weiß, dass es Kolleginnen gibt, die sich mehr auf die Farbanalyse konzentrieren und hier bemüht sind, ganzheitlich zu beraten. Diese Intension führt aber nicht selten zu Verwirrungen, die ich mit Seminarteilnehmern oft erst einmal klären muss. So sagte einmal ein Teilnehmerin bei der gegenseitigen Voranalyse zu ihrem Gegenüber: »Also ein Wintertyp kannst du nicht sein, dafür bist du viel zu nett!«

Ups! Was bedeutet das nun für alle, die von ihren Eltern nun mal dunkle Haare und eine helle Haut vererbt bekommen haben? Oder alle, die den südländischen Typen verkörpern? Und was bedeutet das für mich als, rein äußerlich, typischer Wintertyp?!

Weitere Verwirrung schuf eine Teilnehmerin in einem anderen Kurs, die nach ihrer Farbanalyse erklärte, dass sie schon mal eine Farbberatung gemacht hatte. Wie auch wir festgestellt hatten, war sie ein Herbsttyp, der wundervoll in satten, erdigen, dunklen Tönen aussieht. Ihr wurde nun gesagt, dass zu diesem Typ rustikale Stoffe wie Leder und Strick passten, legere Kleidung, erdig und natürlich eben. Es folgte die Stilanalyse – und siehe da, die Teilnehmerin war ein klassischer Typ! Elegant und zurückhaltend, edel und schick. Nichts von dem, was dem Herbsttyp zugedichtet wurde, passte auf sie, und sie fühlte sich mit ihrem Stil auch pudelwohl! Denn es spricht ja nichts gegen ein schokobraunes Twinset oder einen goldbeigen Blazer.

Also noch einmal zusammenfassend: Der Farbtyp ist angeboren und rein äußerlich zu betrachten! Als Beraterin kann ich die Farben sehr wohl in die Psyche miteinbeziehen – hier geht es aber eher um die Wirkung einzelner Farben oder Farbstärken auf unsere Umwelt. Der Farbtyp hat also nichts mit Ihrem Charakter oder Ihrem Stil zu tun.

Die Farbeinteilung in die vier Jahreszeitentypen

Grundsätzliche ist die Unterscheidung in warme und kalte Farben für unser Aussehen am wichtigsten. Denn in einer der beiden Farbgruppen sehen Sie einfach gar nicht gut aus! Und es besteht für mich immer die Frage, warum ich für etwas (in diesem Fall Kleidung) Geld ausgeben soll, wenn ich darin dann schlecht aussehe! Wenn Sie einmal bewusst gesehen haben, wie stark die Farben in Ihrem Gesicht wirken, werden Sie sich das auch fragen!

Gerade Frauen, die modisch sehr interessiert sind und gerne mit den neusten Trends gehen, sind oft in Sorge, ob sie durch das Ergebnis der Farbanalyse zu sehr eingeschränkt werden in der Wahl ihrer Kleidung. Dazu muss ich ganz klar sagen: Jein!

Sicherlich ist es so: Wenn ich weiß, welche Farben mir wirklich gut stehen, heißt das auch, das andere Farben wegfallen. Dazu müssen Sie wissen, dass nur die Farbe, die Sie am nächsten am Gesicht tragen, ausschlaggebend ist und auf Ihr Aussehen wirkt. Das wäre zum Beispiel ein Schal, ein Rollkragenpullover, ein Blusenkragen. Alle anderen Farben können auch Farben sein, die Ihnen nicht so richtig stehen.

Aber:

- Ein Großteil der Frauen trägt noch nicht mal alle Farben aus ihrer Farbtyppalette! Viele beschränken sich von alleine auf drei, vier Farben und sind in der Beratung regelmäßig erstaunt, was sie noch so alles tragen können!
- Jede einzelne Farbpalette der Jahreszeiten enthält fast alle Farben, nur einfach im hellen oder dunklen, im warmen oder kalten Bereich. Die Einschränkungen sind also nicht allzu groß, wie Sie an den folgenden Bildbeispielen sehen werden.
- Die Angst, dann in den Läden nichts zu finden, halte ich persönlich für unbegründet! Die Auswahl ist riesig, das Angebot wechselt in vielen Stores wöchentlich. Wenn Sie wissen, was Sie suchen, werden Sie Ihre Farben immer irgendwo entdecken. Sicherlich mal mehr, mal weniger – vorhanden sind sie aber immer.
- Wer gar nicht auf die aktuellen Modefarben verzichten möchte – auch kein Problem! Man sollte nur vorher so fit in seinen typgerechten Farben sein, dass man die anderen stilvoll einsetzen kann. Wie, erkläre ich in einem späteren Kapitel.

Schritt 1 zur perfekten Garderobe: die Farbharmonie
Abgesehen davon, dass Sie frischer, jünger, faltenfreier und strahlender in Ihren Farben wirken, hat die Farbtypbestimmung noch einen weiteren Vorteil, den ich persönlich sehr schätze und genieße: Alle meine Kleidungsstücke passen zueinander! Ich bin nicht gezwungen, mir komplette Kollektionen zu kaufen, kann hier mal ein Schnäppchen, dort ein Einzelteil mitnehmen – halte ich mich an »meine Farben«, passt das neue Stück optimal zum Rest in meinem Schrank! Und das bedeutet, dass ich nicht nur ein Outfit, das zusammenpasst, damit gestaltet kann, sonder ganz viele! Ich entdecke immer wieder Kombinationen, die ich noch nicht miteinander anhatte, und freue mich über ein neues Outfit; und das, ohne vorher einkaufen zu müssen!

Dieser Punkt ist für unsere Mission, eine perfekte Garderobe zu erstellen, sehr wichtig! Denn es ist hauptsächlich die Farbharmonie, die ein Outfit stilvoll und anziehend wirken lässt! Ich werde diesen Punkt aber noch mal aufgreifen und vertiefen.

Die Farbtypen

Johannes Itten hat also die zwei großen Farbgruppen der warmen und kalten Farben in vier weitere unterteilt und sie nach den Jahreszeiten benannt. Das ist so, weil die Farben genau so in der Natur zur jeweiligen Jahreszeit vorkommen. Dadurch können wir uns gut merken, welche Farbmerkmale die einzelnen Typen haben!

Die Unterteilung in die Jahreszeitentypen ist deshalb wichtig, weil wir alle im Aussehen individuell sind. Sie haben vielleicht blonde Haare und blaue Augen und werden im Sommer schön braun. Ich habe sehr dunkle Haare und eine helle Haut. Wieder andere haben dunkle Haare und eine südländisch gebräunte Haut etc.

Zu wissen, ob Sie ein kalttoniger (rosig-bläulicher) oder warmtoniger (gelblicher) Hauttyp sind, ist die Grundlage. Um die optimalen Farben zu kennen, müssen wir genauer hinsehen.

Die Farben der Jahreszeiten harmonieren wunderbar mit dem Aussehen der zugeordneten Typen: sie unterstreichen deren Wirkung, ohne sie optisch zu dominieren oder langweilig erscheinen zu lassen.

Frühlingstyp und Herbsttyp sind warmtonige Haut- und Farbtypen.

Sommer- und Wintertyp sind kalttonige Haut- und Farbtypen.

Ich stelle Ihnen im Folgenden die Farben der Jahreszeiten vor sowie die passenden Typen dazu. Wenn Sie möchten, setzten Sie sich ans Fenster (ohne Sonnenlicht), mit einem Spiegel, und vergleichen Ihre Pigmentierungen mit denen der beschriebenen Typen. Wichtig ist, dass Sie wirklich GENAU hinsehen!

Der Frühlingstyp

Die Farben in der Natur: Machen Sie mit mir einen Frühlingsspaziergang! Wir atmen die noch kühle, frische Luft und genießen die ersten wärmenden Sonnenstrahlen. Die Natur ist erwacht und zeigt sich mit sprudelnder Energie überall: die Wiesen sind voller gelber Löwenzahnblüten, in den Vorgärten blühen Tulpen und Narzissen in Gelb, Orange und Tomatenrot um die Wette. Und an Bäumen und Büschen zeigen sich die jungen, hellen Spitzen der Blätter in herrlichem Maigrün.

Alle Farben sind wie der Frühling: warm, hell und leuchtend.

Farbtyp Frühling:
Der Frühlingstyp passt perfekt zu den unten gezeigten Farben.

Seine Haut ist hell und zart, oft mit roten Sommersprossen, manchmal auch vollkommen bedeckt damit. Meistens wird er in der Sonne eher rot als braun, manchmal bräunt er leicht. Insgesamt hat er eine gelblich-elfenbeinfarbene Hautfarbe.
Oft hat er sehr helle Augenbrauen und Wimpern, die kaum zu sehen sind.
Die Haare sind hellblond bis mittelbraun. Auch wenn sie auf den ersten Blick eher aschig wirken, funkeln sie in der Sonne doch leicht golden. Auch feuerrote, karottenrote oder braunrote Haare hat der Frühlingstyp.
Die Farbe der Augen ist immer warmtonig: Türkis, hellgrün bis hin zu Olivegrün, Blaugrau mit gelben Anteilen oder leichtem Grünschimmer, Bernsteinbraun oder Mittelbraun.

Wie Sie sehen, hat der Frühlingstyp die Farbharmonie des Frühlings in der Natur in seinem Aussehen: er ist hell und hat in Haut, Haaren und Augen einen goldenen Schimmer.

- Der Frühlingstyp wirkt in den kalten Farben sehr fahl, blass und grau im Gesicht. Die Haare sind stumpf und die Augen ohne Glanz. Die Lippen sehen oft aus, als wenn Sie sehr frieren.

Der Sommertyp

Wenn der Sommer kommt, verändert sich auch die Natur. Das Laub an den Bäumen ist voll da und ist dunkler geworden, der Löwenzahn ist verblüht und macht lila Glockenblumen, pinken Wicken und weißer Schafgarbe Platz. Das Getreide auf den Feldern ist gewachsen und wiegt sich in zartem Mintgrün und hellem Gelb. Und wenn die Hitze über den Feldern und Wiesen flimmert, sehen wir sie: die kühlen, hellen, leicht verwaschenen Pastelltöne des Sommers! Wer sich damit schwertut, kann sich auch die Meerestöne oder Beerenfarben vorstellen, die so typisch für den Sommer sind.

Der Sommertyp hat eine Haut, die immer etwas rosig erscheint. Er wird mal mehr, mal weniger braun und bleibt dabei immer noch rosig. Oft bekommt der Sommertyp auch kleine Sommersprossen auf der Nase, die durch die Sonne kommen und, im Gegensatz zum Frühlingstyp, eher graubraun sind.

Die Haare des Sommertyps sind vor allem für viele Frauen ein ungeliebtes Thema: sie sind meist recht stumpf und aschig, von hell bis Mittelbraun. Viele waren als Kind richtig blond und sind mit der Zeit immer dunkler geworden. Da diese Frauen oft färben, denken Sie bitte noch mal über Ihre Naturhaarfarbe nach! Der Sommertyp hat sehr schöne Augen: oft strahlendes Blau, Blau-grau oder mit etwas Türkis. Manchmal haben auch Sie goldene Punkte – hier ist wieder die Haut ausschlaggebend! Auch braune Augen hat der Sommertyp, die oft einen schönen Kontrast zu den blonden Haaren bilden. Das Braun wirkt eher kühl.

- Der Sommertyp wird in warmen Farben unnatürlich Gelb im Gesicht! Die Lippen sind bräunlich und die Konturen verschwimmen. Da auch das Augenweiß den Gelbstich annimmt, sehen die Augen krank und müde aus. Auch die Zähne werden sofort gelb – testen Sie es mal mit zwei Farben im Wechsel aus, es ist wirklich faszinierend!

Der Herbsttyp

Die Farben im Herbst sind uns immer gut bekannt, da sie den Herbst so typisch machen. Das Laub der Bäume verfärbt sich in den harmonischsten Feuertönen von Gelb über Orange, Rostrot bis Braun und glüht in den letzten warmen Sonnenstrahlen. Morgens und abends wehen Nebelschwaden durch die Landschaft – dadurch wirken die Farben etwas gedeckter und rauchig.

Seine Haut ist robust und bräunt meist schnell und gut. Die Haut ist gelblich-golden, oft sieht er recht »südländisch« aus.

Dazu passend hat der Herbsttyp mittelbraune bis dunkelbraune oder rostrote Haare. Auch das Braun schimmert rötlich oder golden. Wimpern und Augenbrauen sind rassig und dunkel.

Die Augen sind meist olivgrün oder in warmen Brauntönen.

Diesem Typ stehen die warmen, erdigen, satten und dunklen Töne des Herbstes besonders gut.

Der Herbsttyp ist manchmal gar nicht so einfach zu bestimmen, da ihm fast alles zu stehen scheint! Durch die meist gebräunte Haut wirken die Farben oft nicht so extrem. Schauen Sie hier genau hin!

Der Wintertyp

Nun ziehen Sie sich warm an und kommen mit mir in die märchenhafte Winterlandschaft hinaus. Weißer Schnee, der in der Sonne glitzert, schwarze, kahle Bäume im Winterschlaf und ein azurblauer Himmel sind die typischen Farben, die uns begegnen werden. Was die Farben des Winters auszeichnet, sind die Kontraste: klare, eisige Farben in kräftigen Nuancen.

Passend zu diesen Farben ist auch der Wintertyp in unseren Breiten ein Typ der optischen Kontraste. Seine Haut ist sehr hell und schimmert bläulich, vor allem in der Kälte. Die Haut ist leicht durchscheinend, oft sieht man die Äderchen unter den Augen.

Die Haare sind von Natur aus Dunkelbraun bis Schwarz, Augenbrauen und Wimpern ebenfalls dunkel und bieten einen Kontrast zur hellen Haut.

Die Augen sind stahlblau, braun, braun-grün oder grün.

Zum Wintertyp gehört auch der südländische Typ mit olivfarbener Haut und dunklen Augen.

Farbtypbestimmung in Eigenregie

Ich habe es ja schon erwähnt: einfach ist es nicht immer. In vielen Zeitschriften können Sie die Angaben, die ich zu den Typen gemacht habe, mal mehr, mal weniger exakt nachlesen. Oft scheitert die Eigenanalyse daran, dass die Pigmentierung wie Haar und Augenfarbe nicht so genau in einen Typ passen und die Hautfarbe – das eigentlich wichtigste Kriterium- mit bloßem Auge schwer zu bestimmen ist.

Auch meiner Mutter ist es vor vielen Jahren passiert: da sie schon immer wissen wollte, welche Farben ihr eigentlich stehen, setzten wir uns eines Tages an ein Fenster und versuchten, mit Hilfe von alten Brigitte-Farbkarten unseren Typ zu bestimmen. Ganz schlecht waren wir nicht und nahmen sogar Tücher, die meine Mutter besaß, zu Hilfe. Was meiner Mutter und mir als 15-jähringer fehlte, war das Wissen darüber, wie wir das, was wir nun sahen, einordnen sollten. Bei mir waren die Zweifeln schneller weg: Wir einigten uns darauf, das ich wohl ein Wintertyp sei, weil ich im grellpinken Tuch super aussah. Und das war absolut richtig!

Mein Mutter jedoch schwankte: passten doch die grünbraunen Augen nicht in die Beschreibung des Wintertyps und die gebräunte Haut auch nicht so richtig. Herbsttyp wird es sein, entschied sie damals und kaufte über Jahre fleißig danach ein.

Als ich ca. 7 Jahre später Imageberaterin lernte, musste meine Familie natürlich zum Üben herhalten. Ich analysierte nach Leibeskräften! Und war sehr verunsichert, als meine Mutter an der Reihe war; in der festen Meinung, sie sei ein Herbsttyp, gefielen mir nun im professionelleren Betrachten diese Farben nicht mehr wirklich gut an ihr. Wir wiederholten die Farbanalyse mehrmals, das Ergebnis blieb das gleiche: die Winterfarben waren viel schöner! Sie sah es genauso – und fing an, ihre Garderobe umzustellen. Eine neue Brille, Haarfarbe raus, neue Kleidungsstücke ... und sie hat noch nie so viele Komplimente bekommen wie in dieser Zeit!

Und auch bei meiner Großmutter hatten wir uns damals getäuscht, denn sie war kein Frühlings- sondern ein Sommertyp und sieht damit super aus.

Ich möchte Ihnen damit nicht den Mut nehmen, nur zur Vorsicht raten. Wenn Sie sich nicht sicher sind und sowieso schon eine Vorahnung haben, lassen Sie sich bitte helfen. Es ist allerdings auch so, dass die meisten Frauen eine Ahnung davon haben, welche Farben ihnen stehen. Nur haben wir verlernt, auf unser Bauchgefühl zu hören, und uns durch Meinungen von Familie, Freunden und Verkäuferinnen verunsichern lassen. Ich erlebe oft, dass Kundinnen bei der Beratung begeistert feststellen, dass sie ja das ein oder andere Teil in der neu endeckten Farbskala schon im Schrank haben. In den meisten Fällen ist es also nicht so, dass sie nun den ganzen Kleiderschrank ausmisten müssen, wenn Sie bisher eher aus dem Gefühl heraus eingekauft haben.

Wenn Sie nun also angeregt und voller Motivation Ihren Farbtyp herausfinden möchten, gehen Sie so vor:

1. Schminken Sie sich vollkommen ab, das ist einfacher.
2. Wenn Ihre Haarfarbe nicht mehr der originalen entspricht und auch nicht der Naturfarbe ähnlich ist, wickeln Sie sich einfach ein weißes Handtuch um den Kopf.
3. Setzen Sie sich an ein Fenster, an dem Sie gut Tageslicht haben, aber ohne Sonne.
4. Stellen Sie einen Spiegel aufs Fensterbrett, in dem Sie sich gut sehen können und ermitteln Sie mit Hilfe des Buches Ihre Haut-, Haar- und Augenfarbe. Betrachten Sie Ihre Lippen und Zähne genau.
5. Stellen Sie sich folgende Fragen:
   - Wie war/ist meine Naturhaarfarbe? Hell oder dunkel? Aschig? Oder haben sie einen goldenen oder rötlichen Grundton (nicht in der Sonne!)
   - Sind meine Augenbrauen hell oder dunkel?
   - Wie ist die Augenfarbe? Schauen Sie genau hin!
   - Habe ich eher bläuliche Schatten unter den Augen oder sind sie eher bräunlich?
   - Sind meine Lippen eher rosig oder eher apricotfarben?
   - Wird meine Haut schnell braun, wenig oder eher rot?
   - Haben Sie schon mal die Arme mit Freunden verglichen? War Ihre Haut da eher gelb oder eher rosa?

Suchen Sie aus Ihrem Kleiderschrank folgende Farben, die Sie am Gesicht miteinander vergleichen:
Pink und Orange
Rosa und warmes Braun
Moosgrün und Blau
Grau und Beige
Gold und Silber

Sie brauchen nicht alle der aufgezählten Farben, um sicher zu sein, es ist aber besser, mehr als weniger anzusehen. Gerade bei Gold und Silber sieht man den Unterschied sehr gut, vielleicht haben Sie ja noch was von Fasching übrig? Falls nicht, würden sich auch Folien aus dem Baumarkt eignen.

Halten Sie diese Farben nahe an Ihr Gesicht und sehen Sie sich genau an:

- Wo strahlt Ihre Haut?
- Wo leuchten die Augen?
- Wo sind Ihre Lippen voll, rosig und die Konturen klar?
- Wo sind die Mimikfalten schwächer, wo stärker?
- Zeigen Sie Zähne: wo sind sie deutlich weißer?
- Manchmal auch gut zu sehen: welche Backe ist schlanker, wenn Sie beide Farben rechts und links unter Ihr Gesicht legen.

Und, haben Sie ein Ergebnis?

Dann wissen Sie nun, ob Ihnen die warmen oder kalten Farben besser stehen!
Der Farbtyp richtet sich grob danach, ob Sie ein eher heller oder dunkler Typ sind:

- Haben Sie von Natur aus helle Haare, Augen und Augenbrauen? Dann sind Sie (mit warmen Hautton) ein Frühlingstyp oder (mit kaltem Hauttyp) ein Sommertyp.
- Haben Sie dunkle Haare und Augenbrauen? Dann sind Sie (mit warmem Hautton) ein Herbstyp oder (mit kaltem Hauttyp) ein Wintertyp.

Checkliste
Tragen Sie hier noch mal Ihr Aussehen in Worten ein, um sich die ermittelten Punkte besser merken zu können.

Natürliche Merkmale des Typs	
Naturhaarfarbe	
Augenfarbe	
Bräunungstyp	
Lippenfarbe	
Sommersprossen	

Umgang mit den typgerechten Farben

Interessanterweise gibt es in Norddeutschland viel häufiger Frühlingstypen. Habe ich in Bayern häufig Sommertypen in der Beratung, gehen im Norden die Frühlingspässe weg. Hier ist der nordische Einfluss deutlich zu merken.

Frühlingstypen neigen dazu (wie natürlich auch viele andere), viel Schwarz zu tragen. Leider ist der Frühlingstyp derjenige, der wirklich fürchterlich in Schwarz aussieht! Denn Schwarz ist nicht nur eine kalte Farbe, sondern auch noch die Dunkelste, die es gibt! Da dem Frühlingstyp aber helle und warme Farben stehen, sollte er sehr vorsichtig mit Schwarz sein: es macht ihn bleich und hager, die Augen müde und klein – er wirkt also, als wäre eine Ohnmacht nicht fern! Auch Weiß ist schwierig, nehmen Sie lieber Wollweiß oder Eierschale, auch Apricot sieht super aus!

Der Frühlingstyp sieht toll in den oben gezeigten Farben aus, frisch und gesund, er strahlt mit den leuchtenden Farben um die Wette! Gerade das ist für viele Frauen aber sehr ungewohnt; lieben gerade wir Deutschen doch unauffällige, dunkle Töne. Die knalligen Farben des Frühlings sind vielen Frauen viel zu auffällig.

Dazu gebe ich Ihnen folgenden Tipp:
Der Mensch ist ein »Gewohnheitstier«. Vertrautes gibt uns Sicherheit, und die brauchen wir ganz dringend. Das bedeutet aber auch, dass wir uns sehr schnell an Neues gewöhnen und es dann plötzlich als selbstverständlich betrachten, obwohl wir uns einige Zeit vorher niemals vorstellen konnten, einmal Tomatenrot zu tragen! Gewöhnen Sie sich also langsam an Ihre Farben, indem Sie nach Ihnen Ausschau halten, sie genauer betrachten. Wenn Sie ganz mutig sind, ziehen Sie sie im Laden mal an – und hängen sie wieder weg!

Kaufen Sie lieber erst mal nicht, oft verlässt Sie der Mut zu Hause ganz schnell und das Kleidungsstück verschwindet für immer im Schrank. Kaufen Sie am Anfang mal einen schönen Schal in einer Ihrer Farben, die Ihnen perfekt steht. Ich garantiere Ihnen, Sie bekommen damit viele Komplimente. Die stärken Sie und lassen das Vertrauen in die Knallfarben steigen. Dann kaufen Sie mal ein Top, ein T-Shirt, einfach so zum darunterziehen. Und wenn Sie das dann wie selbstverständlich tragen, sind Sie reif dafür, sich eine wundervolle, stahlende Garderobe aufzubauen in den Farben des Frühlings!

Achten Sie also als Frühlingstyp darauf, dass Sie immer eine warme, möglichst helle Farbe am Gesicht tragen. Das ist nicht weiter schwierig, wenn Sie gerade bei Tops, T-Shirts oder Rollis darauf achten, nach Ihrer typgerechten Skala einzukaufen. Auch Schals und Tücher helfen, wenn Ihnen nicht nach hellen Tönen zumute ist oder Sie gerne Kleidungsstücke, die Sie noch haben, auftragen möchten.

Tipp zur Haarfarbe:
Der Frühlingstyp ist, wie Sie ja jetzt erfahren haben, ein von Natur aus heller Typ – und das sollten Sie auch bleiben! Wenn Ihr Haar mit den Jahren eher dunkler geworden ist, können Sie über goldene Strähnchen nachdenken, die Ihr Haar aufhellen und Ihren Typ unterstreichen.

Der Sommertyp ist recht häufig in Deutschland und hat mit seiner zarten Farbpalette sehr schöne Farbharmonien zur Verfügung. Diese Farben lassen ihn weich und weiblich erscheinen, die Haut zart und mädchenhaft. Umso älter Sie werden, umso wichtiger ist es für Sie als Sommertyp, in diesen Pastelltönen zu bleiben.

Natürlich gibt es Frauen, bei denen sich schon beim bloßen Gedanken daran, sie sollen Pastelltöne tragen, der Magen umdreht. Keine Angst, auch matte, dunklere Töne gehen oft gut. Und nicht vergessen: der Sommertyp kann so gut wie alle Blautöne tragen! Dazu steht ihm Grau super, hier kann er unter fast 160 Tönen wählen. Grau eignet sich hervorragend zum Kombinieren und ist eine optimale, zeitlose und elegante Farbe.

Rot geht auch, hier etwas vorsichtig beim Kauf sein. Wenn möglich, betrachten Sie das Rot mal am Tageslicht, da es dazu neigt, durch Kunstlicht verfälscht zu werden. Das Rot muss rein und kirschig bis pinkig sein, alles was zu sehr ins Orange geht, macht Sie sofort gelb!

Auch Grün ist nicht ganz einfach, am besten Sie gehen hier auf Nummer sicher und nehmen nur Petrol oder Türkis, also mit hohem Blauanteil.

Bei Ihnen ist es, wie beim Frühlingstyp wichtig, dass die Farben an Ihrem Gesicht nicht zu dunkel sind. Kombinieren Sie immer helle und dunkle Töne und schmücken Sie die Kleidung mit einem freundlichen Tuch oder Schal. Halten Sie Ihre Garderobe viel in Blau und Grau, dazu passen alle Beerentöne, Lilavarianten und Türkis wunderbar. Auch ein sehr graustichiges Beige, ein sogenanntes »Greige« eignet sich sehr schön als Kombinationsfarbe.

Tipp zur Haarfarbe:
»Straßenköterblond« heißt bei vielen Trägerinnen die typisch deutsche Haarfarbe des Sommertyps. Und da sie oft wenig beliebt und leicht zu überfärben ist, haben diese Frauen oft eine große Palette an Haarfarben auf dem Kopf. Leider sind die wenigsten davon gut! Da diese Haarfarbe keinen Gold- oder Rotanteil enthält, passt sie perfekt zum rosig-bläulichen Hautton des Sommertyps. Sie passt jedoch nicht mehr, wenn es sich um Rottöne, Gelbblond oder Schwarz handelt. Rot- und Goldtöne lassen Ihr Gesicht sofort gelblich und krank erscheinen, da Ihr Haar logischerweise sehr nah am Gesicht ist und 2/3 des Kopfes beherrscht. Zu dunkle Töne machen Sie blass. Bei beiden Varianten harmonieren die zarten Töne des Sommers, die so gut zu Ihrer Haut passen, nicht mehr wirklich mit dem Haar! Schade, denn Ihr Typ ist damit »kaputt«.

Wollen Sie Ihre Haarfarbe als Sommertyp also verändern, halten Sie die Veränderungen so gering wie möglich. Da Sie sich in der Tonhöhe mit Ihrer Naturhaarfarbe in der Mitte befinden, haben Sie die Wahl, ob Sie heller werden oder etwas dunkler. Aufgehellte Haare lassen Sie noch zarter und filigraner erscheinen, ein bis zwei Töne dunkler machen Ihren Typ etwas rassiger. In beiden Fällen müssen Sie jedoch streng darüber wachen, dass das Blond nicht zu golden und der Braunton trotzdem »aschig« bleibt!

Ich habe eine gute Freundin, die **Herbsttyp** ist. Wenn sie im Winter darüber jammert, sie wäre so blass, dann hat sie ca. die Hautfarbe, die ich im Sommer bekomme!

Nicht immer ist der Herbstyp ein so dunkler Typ, manchmal ist es schwierig zu unterscheiden, ob er noch in den Frühling oder schon in den Herbst gehört. Meistens sind Sie aber doch ein robuster Hauttyp und haben keine so helle Pigmentierung wie der Frühlingstyp. Wenn Sie sich immer schon schwer getan haben, herauszufinden, welche Farbe Ihnen wirklich steht, weil Sie das Gefühl haben, das viele ganz gut gehen, dann kann das auch ein Zeichen dafür sein, das Sie Herbsttyp sind. Dieser Typ kann durch seine Grundbräune vieles tragen, was erst bei näherem Betrachten gar nicht so gut wirkt wie gedacht.

Die dunkle Pigmentierung von Haut, Lippen, Augen und Haaren harmoniert wundervoll mit den satten, erdigen Tönen des Herbstes. Da die Farben recht zurückhaltend und sanft sind, hat der Herbsttyp einen großen Vorteil: er kann wirklich ALLE Farben seines Typs miteinander tragen! Versuchen Sie es mal, es sieht wirklich toll aus, wenn Sie ein dunkles Aubergine zu Senf tragen oder Dunkelgrün zu Lachs! Wenn Sie hellere Töne möchten, bieten sich Champagner und Beige gut an, Vorsicht mit Weiß – wenn Sie im Sommer sehr braun sind, kann es gehen, ansonsten lieber Wollweiß tragen.

Wenn Sie mal Lust auf Blau haben, dann wählen Sie am besten Marineblau, da es sehr weich ist und Sie nicht »grau« wirken lässt.

Tipps zur Haarfarbe:
Wenn Sie ein dunkler Herbsttyp mit braunen Haaren sind, gibt es nicht viel zu sagen: Super, einfach so lassen! Haben Sie eher einen mittleren Braunton und hätten gerne mehr »Pepp«, können Sie sehr gut einen warmen Rotbraunton oder Goldbraun färben. Werden Sie aber nicht zu hell, Sie brauchen den dunklen Kontrast auf dem Kopf, um mit den Herbstfarben wirklich zu harmonieren.

Der Wintertyp braucht kräftige, leuchtende Farben um präsent zu wirken! Sind die Farben zu hell und zart, sieht er langweilig und fad aus. Wichtig ist, dass der Wintertyp sich wirklich an die kalten Farben hält, da er sonst sofort gelb in Gesicht, Augen und Zähnen wird und sein klares Aussehen verliert. Als einzige Farbtyp sieht der Wintertyp auch mit blasser Haut in Schwarz und Weiß richtig gut aus. Daher kann er gut alle klassischen Businessfarben wie eben Schwarz, Weiß, Marineblau und Grau tragen. Etwas schwierig gestaltet sich für diesen Typ das tragen von »Knallfarben«: sie müssen am besten mit Grau oder auch mal Schwarz kombiniert werden, um nicht zu bunt zu wirken. Um nicht immer so sehr aufzufallen, kann der Wintertyp auch leuchtendere oder dunklere Töne aus dem Sommer mit den dunklen Basistönen tragen. Trauen Sie sich aber ruhig, denn umso klarer und extremer die Farbe ist, umso besser sehen Sie darin aus! Auch hier gilt: eine kleinen Dosis macht die Farben tragbarer. Wenn Sie nicht der Typ sind, der mit Vorliebe Pink trägt, versuchen Sie es einfach mal mit einem schönen Tuch oder Schal. Komplimente sind Ihnen sicher! Auch ein sattes Rot (nie mit Gelbstich!) steht Ihnen hervorragend und kann gut mit Marineblau, Grau oder Greige getragen werden.

Tipps zur Haarfarbe:
Sie haben meistens von Natur aus dunkle Haare, die Sie auch so lassen sollten. Wenn Sie möchten, können Sie mit einem ähnlichen Naturton die Haarfarbe noch etwas verstärken. Sollten Sie grau werden und möchten nicht mehr färben, haben Sie oft lange Zeit eine spannende hell-dunkel gesträhnte Frisur. Später werden die Haare dann (bei guter Ernährung und etwas Silbershampoo) strahlend weiß und können sich sehen lassen. Zusammen mit den auffallenden Farben des Winters sind Sie eine Frau, die man nicht so leicht übersieht!

Nur zu hell färben sollten Sie auf keinen Fall. Auch rotstichige Haarfarben wirken unschön und »beißen« sich mit Ihren Farben.

Die Basisfarben

Die Basisfarben zu kennen, ist nicht nur sehr wichtig, sondern auch hilfreich und wertvoll. Denn sie bilden die Grundlage für Ihre ganze Garderobe, also die Basis und sind ausschlaggebend dafür, ob Sie viel Zusammenpassendes im Kleiderschrank haben oder nicht!

In den typgerechten Basisfarben kaufen Sie alles, was vielleicht eher teuer ist, zeitlos sein und zu möglichst viel passen sollte:

- Kostüme, Hosenanzüge, Blazer (teuer, zeitlos, wenn Sie nicht sehr viel diese Kleidungsstücke tragen, reichen die Basisfarben hier vollkommen aus.)
- Hosen (zwar sind immer wieder »bunte« Hosen »in«, sinnvoll ist es aber auch hier Hosen in den Basisfarben zu kaufen, damit diese zu allem passen)
- Winterjacken (teuer, hält oft länger als ein Jahr, sollte zu all Ihrer Kleidung passen)
- Strickjacken, kurz und lang (sollten zu vielen Kleidungsstücken als Wärmegeber oder Schmuck passen)
- Grundsachen wie Tops und T-Shirts, einmal in den Basisfarben
- Ledersachen wie Schuhe, Gürtel, Handtaschen

Warum brauche ich die Basisfarben?

Unser Ziel ist es ja, eine in sich harmonische Garderobe aufzubauen, in der alle Stücke zueinanderpassen. Interessant ist hierbei die Tatsache, dass Sie, wenn Sie sich etwas in den Farben beschränken, mehr anzuziehen haben werden, als wenn Sie alles wild durcheinanderkaufen! Bei den Basisfarben beschränken wir uns auf fünf, sechs Farben, die nicht nur gut in Ihrem Gesicht aussehen, sondern auch zu allen Farben Ihres Farbtyps passen!

Schwarz ist ja bekanntlich des Deutschen liebste Farbe. Die schlechte Nachricht zuerst: wenn Sie es wirklich ernst mit Ihrer Garderobe meinen, müssen Sie sich, falls Sie nicht ein Wintertyp sind, von fast allem Schwarz verabschieden! Nicht weil ich es nicht mag, sondern weil es Frühlings,- Sommer, und Herbsttypen nicht wirklich steht. Am schlimmsten sieht der Frühlingstyp in Schwarz aus, nämlich fahl, grau und bleich! Der Sommertyp wird sehr blass und kränklich in Schwarz, der Herbstyp etwas gräulich. Natürlich weiß ich, dass wir uns Schwarz aus unserer Garderobe kaum wegdenken können und die meisten Designer von diesen Sätzen entsetzt wären.

Aber nun kommt die gute Nachricht: Dass es ohne Schwarz in der Garderobe geht (und dass es gut geht), weiß ich von vielen Frauen, die es bewusst machen oder einfach deshalb, weil sie schon selbst gemerkt haben, das es ihnen nicht steht. Ein weiterer Vorteil, Schwarz nicht immer und überall zu kombinieren, ist, dass es Farben gibt, die wesentlich besser zusammenpassen! Denn dass Schwarz zu allem passt, ist leider ein Märchen. Und dass Schwarz zu jedem Anlass passt, auch. Denn oft ist es zu hart, zu dunkel, zu abweisend und dominant.

Basisfarben haben auch den wunderbaren Vorteil, dass sie uns die Kombinationssorgen nehmen. Vielleicht kennen Sie das: Ihnen ist es wichtig, gut angezogen zu sein. Sie wählen also Ihr Outfit morgens sorgsam aus, kombinieren es mit Gürtel und Schmuck und frühstücken in Ruhe. Dann müssen Sie gehen und ziehen die Schuhe an, auf die Sie gerade am meisten Lust haben. Ein prüfender Blick in den Spiegel – Mist! Die Schuhe sind schwarz, der Gürtel braun! Und der Seitenblick auf Ihre Handtasche macht es auch nicht besser – Rot ist zwar ein toller Akzent, passt aber gerade so gar nicht! Und schon wäre es einfacher gewesen, wenn Sie vielleicht nur schwarze Gürtel im Schrank haben und die dazu passenden Schuhe und Handtaschen!

Ich kann es nicht häufig genug betonen: Es geht hier um eine perfekte Grundgarderobe!!! Wer Mode und Accessoires liebt und fit im Kombinieren ist, kann sich natürlich auch bunte Schuhe kaufen! Unser Ziel ist aber, es Ihnen erst einmal einfach zu machen. Übung

macht den Meister! Wenn Sie dann eine Garderobe haben, die rundum perfekt zusammenpasst, können Sie bewusst und mit dem Wissen darum, wie Sie damit umgehen, sich alles andere hinzukaufen!
Übrigens: auch für Frauen, die schon sicher in ihrem Styling sind, bietet es sich an, sich eine perfekte Grundgarderobe aufzubauen. Wenn Sie schon viel haben, das sich toll kombinieren lässt, bauen Sie einfach nach den neuen Erkenntnissen darauf auf.

Aber nun stelle ich Ihnen die Basisfarben erst einmal vor:

Die Basisfarben für den Frühlingstyp

Am besten geeignet sind Brauntöne im mittleren und hellen Tonbereich bis hin zu Champagner, hellen Beigetönen und Wollweiß.
Auch Dunkelgrün oder Petrol können eingesetzt werden, als einziger Blauton ist Marine sehr schön.

Die Basisfarben für den Herbsttyp

Hier sind alle dunklen bis mittleren Brauntöne optimal für jede Kombination geeignet! Auch dunkle Grüntöne, Petrol und Marineblau sind passend. Natürlich können Sie auch Beige einsetzen, achten Sie aber darauf, dass das ganze Outfit nicht zu blass und hell wird.

Die Basisfarben für den Sommertyp

Es gibt sehr viele Grautöne! Und hier haben Sie auch die (fast) freie Wahl, denn Grau passt zu allen anderen Farben, edelt viele Töne und lässt sich zu allen Anlässen wunderbar kombinieren. Also keine Angst vor Grau: mit Ihren schönen, pastelligen Farben aus dem Sommertyp sehen Sie darin wirklich toll aus.
Auch Blau geht in vielen Tonhöhen, das dunkle Marineblau ist eine schöne Grundfarbe. Wenn es Beige sein soll, achten Sie unbedingt darauf, hier ein Beige zu wählen, das fast schon ins Grau geht. Also als Wortmischung ausgedrückt als »Greige« = Grau + Beige.

Die Basisfarben für den Wintertyp

Ihnen stehen die klassischen Businessfarben wie Schwarz, Weiß, genauso Grau und Dunkelblau.

Als warmer oder kalter Typ können Sie natürlich auch zwischen den warmen oder kalten Basisfarben wechseln! Bedenken Sie aber hier bitte, dass Sie bei Kleidungsstücken am Gesicht besser aussehen, wenn Sie sich an die jeweiligen Tonhöhen halten. Deshalb sollten die hellen Typen wie Frühling und Sommer bei Winterjacken lieber Beige bzw. Grau nehmen, die dunklen Typen (Herbst und Winter) sehen fitter und präsenter in dunklem Braun oder Schwarz aus.

Eine Frage des guten Stils

Das Wort »Stil« ist in Verbindung mit Architektur oder Kunst besser bekannt als in der Bekleidung und meint letztendlich auch etwas anderes. In der Kunst spricht man von verschiedenen Stilepochen, auch die Architektur kennt Stilrichtungen und benennt ihre in den verschiedenen Zeitabschnitten entstandenen Gebäude danach. Wenn man in der Mode von Stil spricht, ist das eher etwas Abstraktes. Ähnlich wie das »gewisse Extra« – etwas, was viele Frauen wollen und oft auch lange suchen.

Ich habe oft das Gefühl Frauen erwarten von sich selber, dass sie es einfach im Gefühl haben müssen, was ihnen steht. Oder vielleicht erwartet das die Gesellschaft von den Frauen? Seltsam ist, wie wenige Frauen auf die Idee kommen, dass auch »gutes Aussehen« erlernt werden kann und auch erlernt werden muss! Niemand würde von uns zu erwarten, Mathe, Physik oder Biologie mit der Muttermilch aufgenommen zu haben – denn dafür gehen wir in die Schule und lernen all diese Gebiete in vielen, oft mühevollen Jahren. Niemand hat uns aber jemals gezeigt, was ein Schnitt aus unserer Figur macht, wie Farben wirken, wie wir uns richtig schminken und niemand hat uns erläutert, was stilvolles Kleiden eigentlich bedeutet. Woher sollen wir es also können?!

Viele Frauen suchen ihr Leben lang nach ihrem Stil. Sie versuchen es meistens damit, verschiedene Stilrichtungen in der Kleidung abwechselnd anzuziehen und hoffen, bei einem der Stile den großen »Wow«-Moment beim Blick in den Spiegel zu erfahren, der dann ein Leben lang anhält. Es ist nicht so, dass diese Methode nicht erfolgreich wäre: So manche Frau hat mit Ende 40, Anfang 50 so allmählich das gefunden, was zu ihr und ihrem Leben passt. Wenn auch durch einen langwierigen Prozess, viel Frust, viele Fehlkäufe und viel Suchen.

Eine meiner Kundinnen rief in einer Typberatung bei einigen Punkten mehrmals begeistert: »Wahnsinn, was Sie mir da sagen, habe ich auch gerade bei mir entdeckt!« Ich freute mich darüber, dass ich mit meinen Tipps so richtig lag, war aber auch ein wenig mitleidig, da die Kundin schon über 50 war. Was sie in 30 Jahren und mehr persönlicher Stylinggeschichte herausgefunden hatte, konnte ich ihr in einer Stunde sagen, obwohl ich sie vorher nie gesehen hatte!

Nein, ich bin nicht hellsichtig: die Lösung ist schlicht und einfach, das auch die Findung des eigenen Stils in der Kleidung kein geheimes Wissen und nur manchen zugänglich ist. Das »gut gekleidet sein« dazu stilisiert wird, ärgert mich oft! Da werden Stars und Sternchen für ihren vermeintlich guten Stil gelobt und haben angeblich das Stilgefühl in die Wiege gelegt bekommen … und schaut man dann genauer hin, steht dahinter eine ganze Armada an Profis, die sich beruflich den ganzen Tag damit beschäftigen, die Dame ins beste Licht zu rücken. Es tut gut, immer mal wieder daran zu denken!

Sehr geschockt war ich auch von der Aussage einer Kundin, die in Einstimmung auf die Beratung im Internet las, man könne Stil nicht lernen. Den hat man, oder eben nicht! Wie deprimierend! Und unfair wäre es zudem auch.

Aber nun die gute Nachricht: Unser Stil ist uns, wie auch der Farbtyp, angeboren.
Die Schlechte: Buchstaben gab es auch schon, bevor Sie lesen konnten.
Soll heißen: Sie haben Ihren Stil zwar schon, können ihn aber nicht erkennen und somit auch nicht umsetzen. Denn dafür braucht man die eine oder andere Strategie – und die werden Sie in diesem Kapitel kennenlernen!

Bevor wir beginnen, möchte ich Sie allerdings noch mal dazu anregen, darüber nachzudenken, was wir eigentlich als »stilvoll« empfinden.
Coco Chanel sagte: »Mode vergeht, Stil bleibt.«
Und genauso ist es auch!
Mode ist nichts anderes, als eine Vielzahl verschiedener Kleidungsstücke, die in unterschiedlicher Art gestaltet sind.

Stil ist Harmonie. Die Harmonie der Kleidung mit Ihrem Körper und Ihrer Persönlichkeit, wenn Sie die für Sie richtige Art der Kleidungstücke gewählt haben.

Überlegen Sie doch mal, wen oder was Sie als besonders stilvoll empfinden. Ich zum Beispiel kann kaum wegsehen, wenn Farben sich in der Kleidung und im Styling wiederholen: wenn der Nagellack dieselbe Farbe wie der Gürtel und die Streifen im Pullover hat und auch der Lidschatten darauf abgestimmt ist. Das ist für mich eine wahre Freude in der Betrachtung meines Gegenübers, der sich offensichtlich Gedanken über sich und sein Aussehen gemacht hat.

Bevor Sie jetzt entnervt das Buch weglegen, weil Sie weder die Zeit noch die Geduld oder einfach keine Lust für so viel stylischen Schnickschnack haben: keine Angst! Wir wollen es ja so einfach wie möglich gestalten. Und das ist es auch! Denn wenn Sie Ihre Farben und Ihren Stil kennen und sich davon in Ihrer Stylingwahl leiten lassen, sehen Sie (fast) automatisch auch so aus!

Denn Stil ist die Harmonie aus 7 Faktoren, die, wie ich schon sagte, zu Ihrer Figur und Ihrer Persönlichkeit passen sollten. Stimmen alle überein, sehen Sie gut aus, stilvoll eben.

Die 7 Faktoren des guten Stils:
1. Die typgerechte Farbe
2. Das typgerechte Make-up
3. Die passende Frisur
4. Der richtige Schnitt der Kleidungsstücke
5. Das passende Muster in Form und Größe zu Ihrer Figur und Ihrem Stil
6. Das Material in Harmonie zu Körper und Stil
7. Die Accessoires, die Ihren Stil ergänzen

Ich erzähle Ihnen mal einige kleine Begebenheiten, die ganz gut verdeutlichen, warum es so schön ist, den eigenen Stil zu finden.

Ich biete meinen Kundinnen immer an, Kleidungsstücke in die Beratung mitzubringen, zu denen sie Fragen haben. Eine Kundin kam also in eine Typberatung und war schwer bepackt. Wir sahen uns die Kleidungsstücke gleich zu Beginn im Kennenlerngespräch an, da es ihr sehr wichtig war, mir die Sachen zu zeigen. Alle hatten noch ein Preisschild und waren ganz neu gekauft. Sie erzählte mir, dass sie mit einer guten Freundin einkaufen gewesen sei, da sie sich immer recht schwer tue und immer dasselbe kaufe. Das Ergebnis der Stilanalyse war der natürliche Typ, der sich in legeren, bequemen und eher ein wenig unauffälligen Sachen wohlfühlt. Die frisch gekaufte Kleidung war das Gegenteil: verspielte, weibliche und leicht extravagante Teile mit Rüschen und Tigerprint ließen sie nicht, wie gehofft, weniger langweilig, sondern eher wie ihre eigene Großmutter wirken! Die Freundin hatte es gut gemeint – nur hatte sie unbewusst für SICH eingekauft, nicht für meine Kundin. Denn es ist gar nicht so einfach, vollkommen neutral zu werten, wenn man mit jemandem einkaufen geht. Achten Sie einmal darauf, wie es Ihnen als Begleitung das nächste Mal geht!

Das Fazit dieser Geschichte: Gut, dass die Kundin alles zurückgeben konnte!

Wenn wir uns selber nicht so ganz sicher sind, was uns eigentlich steht, nehmen wir uns oft andere Frauen als Vorbild. Daran ist grundsätzlich nichts Falsches, es bedarf aber einer Portion Vorsicht dabei! In einem Sommer trugen viele Frauen längere Hemdblusen mit Leggins und Ballerina. Mir gefiel dieser Freizeitlook für gemütliche Sommertage, an denen es nicht so heiß ist, ganz gut. Doch immer, wenn ich den Versuch startete und in einem Geschäft besagtes Kleidungsstück anprobierte, gefiel ich mir überhaupt nicht darin! Ich überlegte: Da ich schlank bin, lag es wohl nicht an der Figur. Vielleicht musste ich größer sein? Nein, kurz genug war das Kleid. Woran lag es also, dass ich mir so »verkleidet« darin vorkam?

Und dann endlich fiel der Groschen! Hemdblusenkleider sind ein ganz typisch sportlich-natürliches Kleidungsstück, was sich nicht nur im Schnitt deutlich zeigt. Auch der feste Baumwollstoff und das Karomuster verstärken diesen Stil. Und wenn ich einen Stil gar nicht an mir habe, dann ist das der Sportliche! Und die Lösung war so einfach: ich fand kurze Zeit später ein Hemdblusenkleid ohne Hemdkragen, aus hauchdünner Baumwolle und dezentem Blumenmuster. Und fühlte mich auch ganz normal darin! Es war also im Grunde das gleiche Kleidungsstück, nur auf meinen femininen Stil ausgelegt.

Oft erlebe ich auch das »Stilproblem« mit dem Blazer. Kundinnen sind unglücklich, weil sie ihn gerne bei festlichen Gelegenheiten tragen würden oder beruflich bedingt sogar müssen. Nur leider fühlen sich viele einfach nicht wohl, zu steif, zu fremd in diesem Kleidungsstück. Hinterfrage ich dann die Art des Blazers, haben die Damen oft – wenn schon Blazer dann richtig – den schwarzen Nadelstreifen zu Hause hängen! Und sind regelmäßig erstaunt über die vielfältigen Formen, die ein Blazer annehmen kann, um sich ihrem Stil anzupassen, nicht umgekehrt!

Alle Kleidungsstücke gibt es in allen Stilen oder ich kann sie dazu umgestalten. Zu erkennen, was den Stil im jeweiligen Kleidungsstück auszeichnet, ist wichtig, wenn Sie in Zukunft nicht mehr zu den Teilen greifen möchten, die später als »Schrankleichen« enden.

Wie finde ich meinen Stil?

Es gibt drei Faktoren, die Ihren Stil prägen: Ihre Figur, Ihre Persönlichkeit und Ihr Lebensumfeld.

Die Figur

Ihre Figur ist der Hauptfaktor, der uns zu Ihrem Stil führt. Deshalb ist Ihr Stil, genau wie Ihr Farbtyp, angeboren. Hier spielt es keine Rolle, ob Sie ein Kilo mehr oder weniger haben, sondern die Silhouette Ihres Körpers, die Größe und der Knochenbau ist wichtig.

Um eventuellen Zweifeln zuvorzukommen, die ab und zu in Seminaren auftauchen: auch hier macht die Natur keine Fehler! Die Sorge, Ihre Figur könnte nicht zu Ihrer Persönlichkeit passen, ist vollkommen unbegründet. In den vielen Beratungen, in denen ich mit den Kundinnen deren Stil herausgefunden und besprochen habe, war es in vielen Fällen eine Befreiung, den Stiltyp nun zu kennen. Oft ist der eigene Stil durch unser Umfeld so zugeschüttet, dass wir selbst kaum noch wissen, was zu uns passen könnte. Viele Frauen sind unzufrieden mit ihrem Äußeren, sind auf der Suche nach »mehr Pepp«, finden sich langweilig oder wünschen sich ein neues Styling. Nicht umsonst boomen Stylingsshows!

Kein Stil ist langweilig, wenn man ihn richtig »auslebt«!

Aus der Vielzahl von Figuren haben sich in der Typberatung sechs Stile mit der dazu passenden Figur herauskristallisiert, die ich Ihnen im Folgenden vorstellen werde. Es gibt Frauen, die figürlich genau in einen dieser Stiltypen passen, andere haben schon in der Figur eine Stilmischung. Lesen Sie sich die Beschreibung der Figuren durch und versuchen Sie, am besten vor einem Ganzkörperspiegel, Ihre Silhouette herauszufinden.

Die graue Form hinter der jeweiligen Figur zeigt die Grundform des Körperbaus, an dem Sie sich zusätzlich orientieren können.

Und so gehen Sie vor:

- Ziehen Sie sich etwas Figurbetontes an, das ist leichter.
- Beginnen Sie bei den Schultern:
  - Sind sie gerade? Das bedeutet, dass die Schultern fast im rechten Winkel vom Hals abgehen.
  - Oder sind sie eher etwas abfallend, also eher etwas schräg nach unten?
- Nun schauen Sie sich Ihre Taille an:
  - Wie verläuft die Linie ab den Achseln bis zur Hüfte? Ist die Linie stark gebogen, also Ihre Taille schön ausgeprägt?
  - Oder ist die Linie nur ein wenig gebogen, d.h. Sie haben Taille, sie ist jedoch keine Wespentaille.
  - Oder geht die Linie eher ziemlich gerade und Sie haben eine kaum ausgeprägte Taille?

Tipp: sollten Sie sich aufgrund einiger hartnäckiger Röllchen um die Hüften nicht ganz sicher sein, ob Sie (noch) Taille haben, denken Sie an schlankere Zeiten! Wie war es da? Ihr Gewicht kann sich ändern, die Grundform des Körpers jedoch nicht. Deshalb können Sie in diesem Fall von der Form ausgehen, die Sie früher hatten.

- Nun vergleichen Sie noch, in welchem Verhältnis Ihre Schulterbreite zu Ihrer Hüfte ist. Sind die Schultern breiter als die Hüften? Sind sie gleich breit? Oder sind die Schultern schmaler als Ihre Hüften?

Um das heraus zu bekommen, können Sie auch um Hilfe bitten. Ihr Partner legt die Hände flach (Daumen nach oben) an der Schulter und an der Hüfte an und schaut, ob die Hände auf gleicher Linie übereinander liegen oder eben verschoben in die eine oder andere Richtung sind.

Notieren Sie Ihre Ergebnisse hier:

Meine Schultern sind:

Gerade ☐

Leicht abfallend ☐

Stark abfallend ☐

Meine Taille ist:

Wenig ausgeprägt ☐

Etwas ausgeprägt ☐

Stark ausgeprägt ☐

Schultern und Hüften sind:

Auf einer Linie ☐

Die Schultern sind breiter als die Hüfte ☐

Die Schultern sind schmaler als die Hüfte ☐

Typ 1: Der sportliche Typ

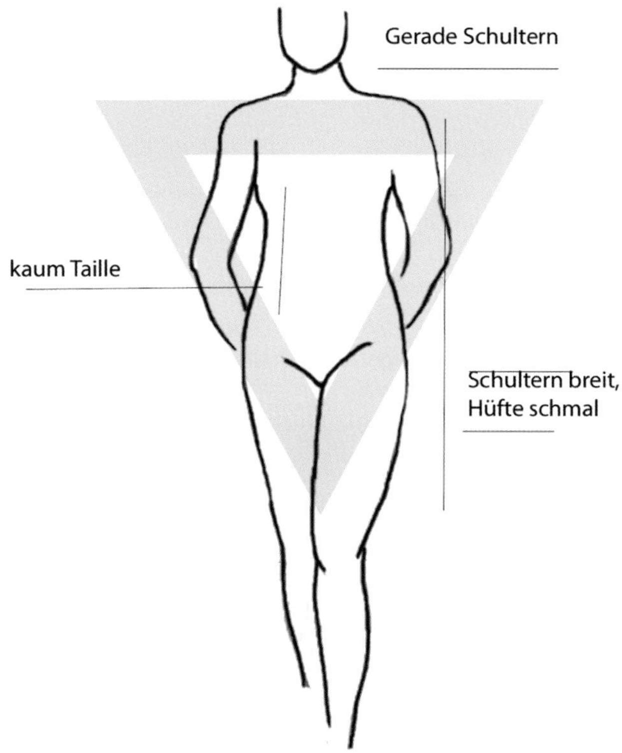

Sie sind groß und sportlich gebaut, vielleicht auch ein wenig burschikos.

- Die Schultern sind gerade und breit, die Taille wenig ausgeprägt und eher eine gerade Linie
- Ihre Hüften sind schmaler und gerade
- Sie sind ca. um die 1,70 m oder größer
- Wenn Sie zunehmen, dann ist es eher am Bauch, Ihre Beine und Hüften sind schlank und drahtig

Typ 2: Der natürliche Typ

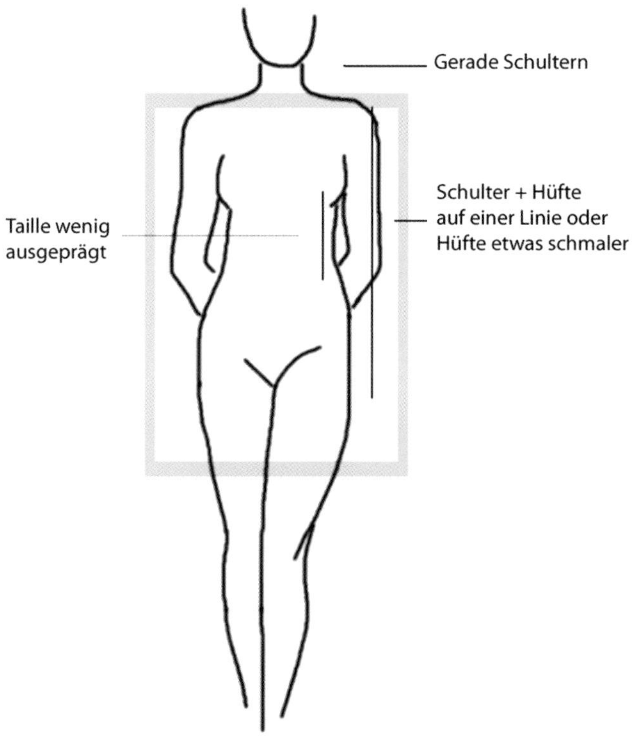

Ihr Körperbau gleicht in den Grundzügen dem des sportlichen Stils:

- Die Schultern sind relativ breit und gerade
- die Taille wenig bis leicht ausgeprägt
- die Hüften gerade, der Po wenig gerundet.
- Sie sind ca. 1,60 m bis 1,68 m groß und weniger athletisch gebaut, haben einen schlanken oder auch etwas kräftigen Körperbau
- Sie nehmen eher um den Bauch herum als an Hüfte, Oberschenkel und Po zu

Typ 3: Der romantische Typ

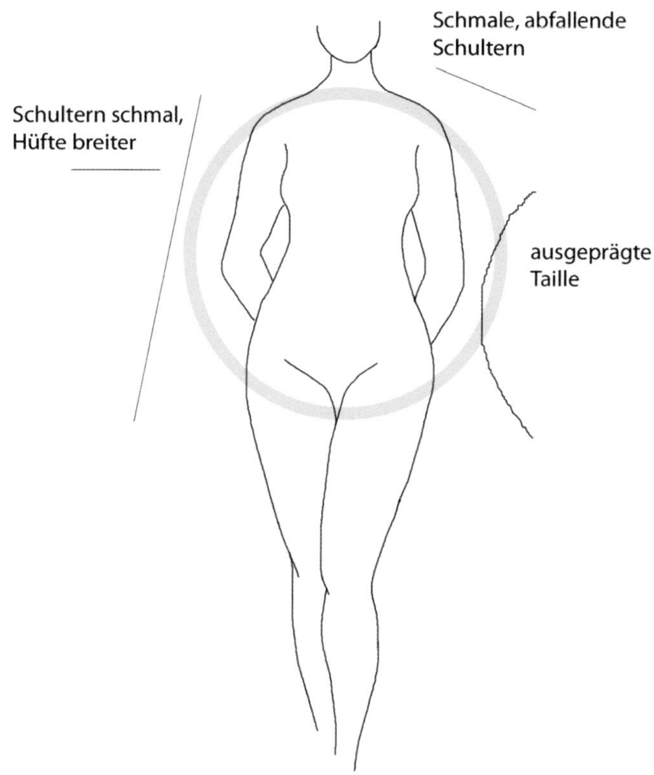

Runde, weibliche Formen prägen Ihre Figur:

- Busen, Taille, Bauch und Po sind ausgeprägt
- die Schultern schmal und abfallend
- Ihre Hüfte ist breiter als die Schultern
- Sie sind groß (um die 1,70 m) und haben lange Beine
- Ihre Figur ist weiblich und kurvig wie die typische Sanduhr-Silhouette, dezent bis stark gerundet
- Sie nehmen recht gleichmäßig an Busen, Bauch, Po und Oberschenkeln zu, wodurch Sie vielleicht auch eine schöne Rubens-Figur haben. Bei weniger Rundungen ist es eher der Hüfte-Po-Beine-Bereich, an dem sich bei Ihnen die Pfunde sammeln.

Typ 4: Der feminine Typ

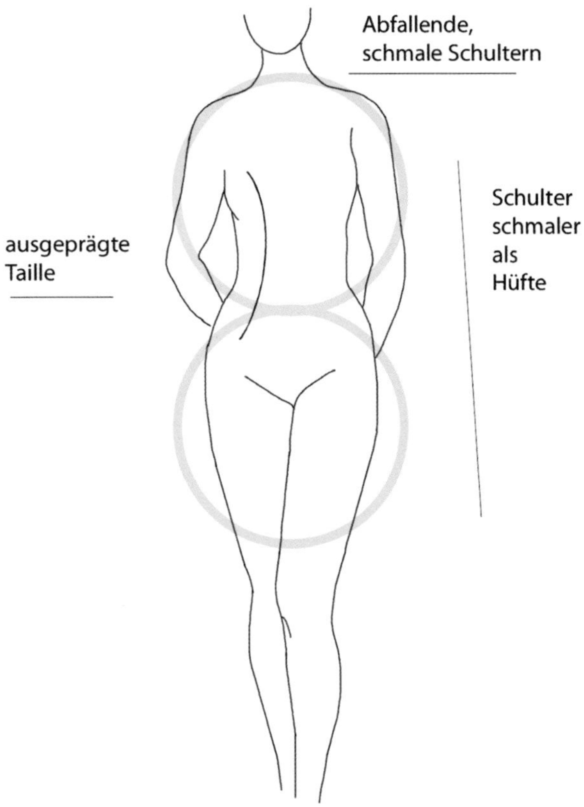

Sie sind klein und zierlich mit weiblichen Rundungen.

- Ihre Schultern sind eher schmal
- die Taille ausgeprägt und sehr schmal
- Hüften und Po gerundet
- Insgesamt wirkt Ihre Figur eher zierlich und jugendlich, auch wenn einige Rundungen etwas stärker ausgeprägt sind.
- Sie sind 1,65 m oder kleiner

Typ 5: Der klassische Typ

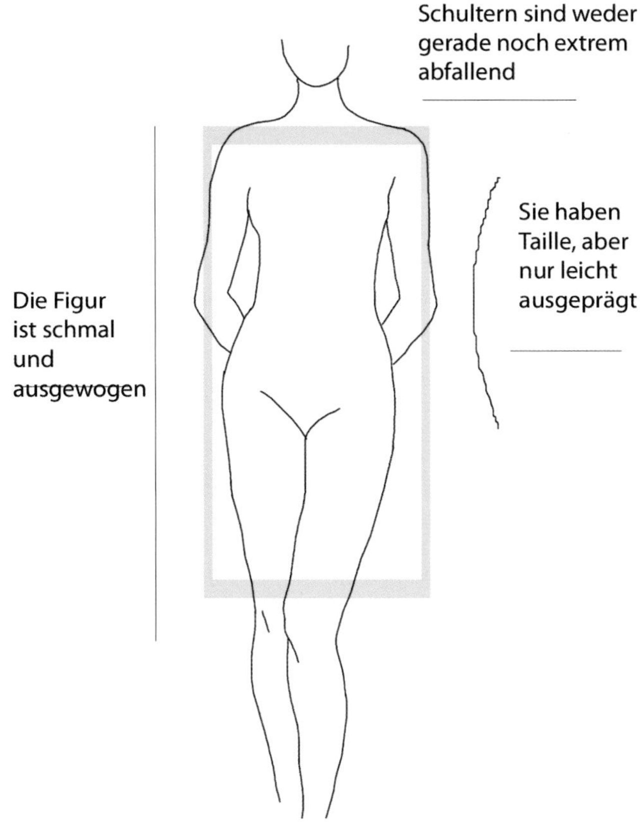

Sie haben sehr ausgewogene Körperproportionen, das bedeutet, an Ihnen ist nichts extrem schmal oder breit, sehr ausgeprägt, zu lang oder zu kurz. Ihre Figur ist eine ausgewogene Mischung aus den vier zuvor beschriebenen Figuren:

- Ihre Schultern sind gerade, jedoch nicht burschikos und breit
- Sie haben Taille, aber nicht zu ausgeprägt
- Sie sind um die 1,68 m groß und meistens eher schlank

Typ 6: Der dramatische Typ

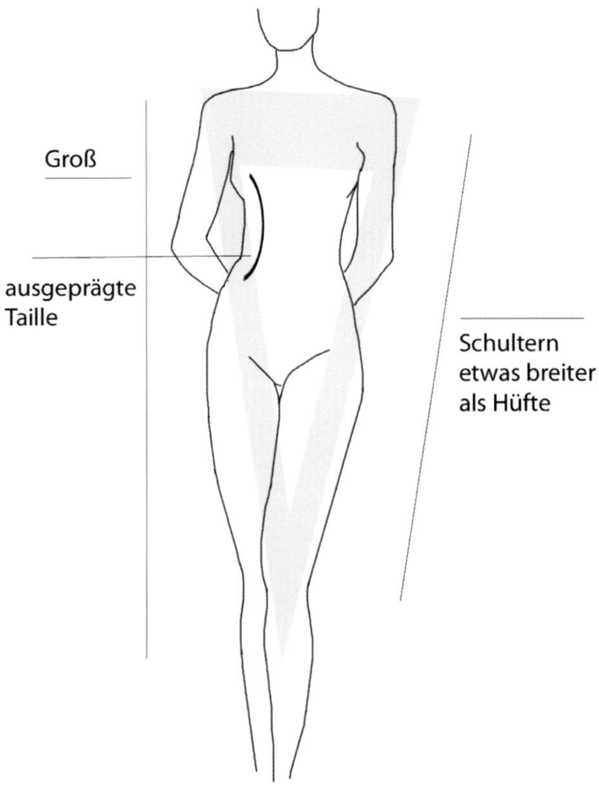

Sie wirken sehr groß, oft etwas dünn und knochig.

- Sie haben eine typische »Mannequin-Figur« mit langen Beinen
- eine schöne Taille
- manchmal etwas breitere Schultern
- Sie sind 1,73 m und größer
- Im Vergleich zum sportlichen Typ sind Sie schmaler und zarter gebaut

Wie ich schon sagte, stimmen Persönlichkeit und Figur in den mir bekannten Fällen immer überein. Aber natürlich prägen auch Ihre eigene Art, Ihr Geschmack und Ihre Vorlieben Ihren Stil. Da ich nun nicht die Möglichkeit habe, Sie persönlich kennenzulernen, machen Sie bitte den Stiltest auf den nächsten Seiten. Er verrät einiges über Sie und Ihre Kleidungsvorlieben, die wir dann mit dem Figur-Ergebnis koppeln können.

Welcher Stiltyp sind Sie?

Bitte kreuzen Sie die Antwort (Kringel um die jeweilige Zahl) an, die am ehesten für Sie zutrifft. Entscheiden Sie sich hier am besten so spontan wie möglich für eine Variante, ohne zu lange über den Antworten zu grübeln!

A Sie träumen eines Nachts, dass Sie der Star der Zirkusmanege sind. Wer sind Sie in Ihrem Traum?

4 Eine hübsche Seiltänzerin, die wunderschöne Seifenblasen pustet.
6 Eine sexy Schlangenfrau, die mit ihrem Körper dem Publikum den Atem raubt.
2 Ein Clown, der mit seinen Späßen das Publikum zum Lachen bringt.
5 Der Zirkusdirektor, der den ganzen Auftritt überwacht.
1 Ein berühmter Dompteur mit weißen Tigern.
3 Eine Trapez-Ballerina, die mit wehendem Gewand im Zirkushimmel schwebt.

B Bitte kreuzen Sie die Eigenschaften an, die besonders auf Sie zutreffen.

3 Ich träume gerne in den Tag hinein.
5 Ich kann mich meistens sehr gut beherrschen und bin Herr der Lage.
6 Dass ich mal himmelhoch jauchzend, mal zu Tode betrübt bin, kommt häufig vor.
2 Ich mag Spontanität und Überraschungen.
4 Ich bin sehr harmoniebedürftig.
1 Ich lache viel und gerne.

C An einem Sonntagnachmittag haben Sie endlich mal Zeit für sich. Wie nutzen Sie diese?

3 Ich lese gemütlich in meinem neuen Liebesschmöker.
5 Ich erledige endlich alle lästigen Dinge, wie den Schreibtisch aufräumen oder die Steuererklärung machen.
4 Ich rufe eine Freundin an und tausche mit ihr stundenlang alle wichtigen und unwichtigen Neuigkeiten aus.
6 Ich mache einen Beautytag und probiere ein neues Make-up oder eine neue Frisur.
1 Ich gehe mit dem Hund raus und mache einen langen Spaziergang.
2 Ich höre Musik, schaue in den Garten und entspanne mich.

D Welches Muster gefällt Ihnen spontan am besten, wenn Sie ein Kleidungsstück kaufen?

1 Wenn überhaupt ein Muster, dann vielleicht Streifen oder kleine Karos.
5 Am liebsten uni oder zeitloses wie Fischgrat, Pepita oder Hahnentritt.
4 Punkte und zarte florale Muster mag ich besonders.
6 Grafische Muster, Animalprints und barocke Muster sind toll.
2 Muster sind nicht so meins.
3 Ich liebe Spitzen, Paillette und Co.! Hauptsache, es glitzert!

E Denken Sie zurück an Ihre Kindheit: was haben Sie am liebsten gespielt?

6 Ich habe mich gerne verkleidet und kleine Rollenspiele gespielt.
4 Ich habe am liebsten mit meinen Puppen und Stofftieren geschmust und sie bemuttert.
2 Ich habe mit den Nachbarskindern im Freien herumgetollt.
5 Ich habe am liebsten Gesellschaftsspiele und Karten gespielt.
1 Ich bin mit den Jungs jeden Baum hoch und runter.
3 Ich habe mir vorgestellt ich wäre eine Prinzessin, die im Schloss gefangen ist.

F Wie würden Sie sich am ehesten charakterisieren?

3 Ich lebe gerne ein wenig in einer anderen Welt – die Realität kann so nüchtern sein!
5 Mir fällt es schwer, Gefühle zu zeigen, deshalb werde ich oft als sehr kühl bezeichnet.
6 Ich habe viele Ideen und bin oft diejenige, die andere Menschen mitreißt.
2 Ich bin eigentlich immer einfach ich selbst.
4 Ich wünschte manchmal, ich wäre tough und weniger um alle bemüht.
1 Ich werde manchmal als »zu hart« bezeichnet, dabei bin ich das eigentlich gar nicht.

G Sie werden gebeten, eine Biografie über sich zu veröffentlichen. Welche Form wählen Sie?

1 Ein Comic wäre mir am liebsten, Hauptsache lustig und mit dem Titel: Niemals den Humor verlieren.
5 Ich würde eine Art Ratgeber schreiben, vielleicht wie: Was ich durch das Leben lernte.
4 Ein Schlüsselroman, in dem sich manche Freunde wiedererkennen würden.
3 Ich würde mein Tagebuch veröffentlichen, mit allen meinen Wünschen und heimlichen Träumen.
6 Ein Enthüllungsroman, in dem ich auch durchaus mit dem ein oder anderen abrechnen würde.
2 Ich würde eine Familienchronik schreiben, von ganz früher bis heute.

H Ihr Traum vom Glück – wie könnte er aussehen?

1 Ich wandere nach Australien aus und züchte Schafe.
6 Ich werde eine berühmte Künstlerin, die alle bewundern.
5 Ich bin einfach alle Probleme los, die ich im Moment habe.
3 Ich werde mit dem Mann meiner Träume in unserem kleinen Haus am See alt.
4 Ich habe eine kleine Boutique, die ich mit einer Freundin zusammen führe.
2 Ich habe eine Werkstatt zu Hause und verkaufe selbstgefertigte Stücke.

I Wie wichtig ist Ihnen Ihr tägliches Styling?

4 Wichtig, dafür nehme ich mir auch morgens die Zeit gerne.
2 Weniger, ich schlafe lieber ein paar Minuten länger.
6 Super wichtig, mein Styling muss immer »up to date« sein.
5 Wichtig, aber es muss zeitlos sein und perfekt sitzen.
1 Überhaupt nicht wichtig, es gibt Dringenderes.
3 Ohne Lockenwickler und Lippenstift fängt mein Tag gar nicht richtig an.

J Sie schreiben eine Kurzgeschichte. Welche Wortgruppe inspiriert Sie am meisten?

3 Seele – suchen – Spiegel – Treue – Sehnsucht
6 Freiheit – schicksalshaft – Aufbruch – Laune – Feuer
2 Wiese – Duft – fröhlich – Arme – Tanz
5 Wahrheit – klar – Ziel – Durchbruch – erfolgreich
1 Familie – Natur – Ursprung – geerdet – Universum
4 Nähe – Harmonie – Liebe – Schätze – verworren – Miteinander

K Welcher Aussage stimmen Sie am ehesten zu?

5 Niemand bekommt im Leben etwas geschenkt, auch wenn es von außen manchmal so aussieht.
2 Die meisten Menschen leben in der Vergangenheit und in der Zukunft, aber nicht in der Gegenwart. Dabei kann man das Glück doch nur im Hier und Jetzt erfahren.
3 Es ist unmöglich, einen Menschen wirklich völlig zu durchschauen.
6 Es hat wenig Sinn, sich nach der Meinung der anderen zu richten. Irgendeinem passt das, was man tut, ohnehin nicht.
4 Die Welt ist nicht mehr das, was sie mal war. Früher konnte man sich noch vertrauen.
1 Heute schaut man nur auf Äußerlichkeiten. Dabei sind es doch die inneren Qualitäten, die zählen.

L Sie dachten, Sie hätten Ihren Traummann gefunden, nun hat er Sie verlassen. Wie gewinnen Sie Ihr seelisches Gleichgewicht zurück?

6 Ich erzähle allen Freunden, was für ein hundsgemeiner Kerl er ist und dass ich ihn nie wiedersehen will.

4 Ich ziehe mir die Bettdecke über den Kopf und weine erst mal so richtig.

3 Da hilft nichts. In mir ist etwas zerbrochen und ich weiß nicht, ob ich jemals wieder jemanden lieben kann.

5 Ich stürze mich in die Arbeit, die Zeit wird die Wunden schon heilen.

1 Ich versuche, mich abzulenken und den Schmerz zu vergessen.

2 Ich fühle mich sehr alleine und suche Trost bei meiner Familie.

M Fast geschafft! Doch bevor Sie die Auflösung des Tests bekommen, noch eine Frage: was erwarten Sie von dem Ergebnis?

5 Ich rechne mit einem klaren Ergebnis, das mir meinen Stil zeigt.

3 Ich bin gespannt, welche geheimen Seiten herauskommen werden.

2 Ich finde den Test einfach witzig und erwarte keine besonderen Erkenntnisse.

6 Ich bin neugierig, welche meiner Seiten wohl im Vordergrund stehen.

1 Eigentlich ist mir das Ergebnis gar nicht so wichtig, einfach mal schauen, was rauskommt.

4 Ich bin sehr neugierig und freue mich auf meinen Stiltyp.

Test inspiriert nach „So finde ich meinen Stil“, Vera Sandberg (Brigitte), Mosaik bei Goldmann, ISBN 3-442-39063-X

Zählen Sie nun bitte alle Zahlen zusammen: wie oft haben Sie 1 angekreuzt, wie oft 2, 3 oder 4? Wichtig ist, dass Sie die Zahlen nach Ihrer Häufigkeit zählen, nicht nach der Ziffer! Also wenn Sie dreimal die 5 angekreuzt haben, sind das nicht 15, sondern eben drei Striche bei der 5 in der Tabelle unten.

Gibt es eine Zahl, die Sie am häufigsten gewählt haben? Oder zwei gleich oft? Diese beiden sind nun für Ihren Stil wichtig. Wenn Sie z.B. fünf mal zwei und vier mal fünf angekreuzt haben, sind das Ihre Stile. Die anderen mit drei oder zwei mal brauchen Sie nicht mehr. Haben Sie allerdings drei Zahlen vier oder fünf mal angekreuzt, beachten Sie alle drei Stile. Sollte das Ergebnis sehr gleichmäßig verteilt sein, gehen Sie den Test vielleicht noch mal durch und achten nun darauf, dass Sie nicht die Antworten ankreuzen, die Ihnen vielleicht gefallen würden, eigentlich aber gar nicht so typisch für Sie sind!

Zahl	**Anzahl**
1	______
2	______
3	______
4	______
5	______
6	______

Mein Ergebnis:
Höchste Anzahl: ______
Zweithöchste Anzahl: ______
Eventuell dritthöchste Anzahl: ______

1 = die sportliche Frau
2 = die natürliche Frau
3 = die romantische Frau
4 = die feminine Frau
5 = die klassische Frau
6 = die dramatische Frau

Nun schauen Sie noch mal auf das Ergebnis Ihrer Figuranalyse und vergleichen es mit den Zahlen, die bei Ihrem Testergebnis überwiegen. Überschneiden sie sich? Oder ist etwas vollkommen anderes herausgekommen?

Beides ist in Ordnung. Wenn sich die Figur mit Ihrem Testergebnis gleicht, bedeutet das, dass Sie wirklich durch und durch dieser Stiltyp sind und sich auch in der Kleidung, die dazu gehört, am wohlsten fühlen. Wahrscheinlich haben Sie auch ein Lebensumfeld, wie z.B. Ihren Beruf, der perfekt dazu passt. Super, dann sehen Sie richtig stimmig aus, wenn Sie diesen einen Stil ausbauen. Schauen Sie sich aber ruhig auch mal die anderen Stile an; manchmal ist es bei bestimmten Anlässen von Nöten, auch mal etwas mit den Stilen zu spielen.

Wenn das Testergebnis sehr von Ihrer Figur abweicht, ist das meistens ein Hinweis darauf, dass Sie jemand sind, der einfach mehrere Stilrichtungen braucht, um sich in seinem Styling wohlzufühlen, vielleicht je nach Anlass, Lust und Laune. Dann notieren Sie sich Ihre Stile und lesen Sie, wie Sie diese Mischung nun in der Kleidung umsetzen können.

Wie ich schon kurz angesprochen habe, sind auch die Lebensumstände manchmal ausschlaggebend dafür, dass Sie einen bestimmten Stil in Ihrer Kleidung brauchen oder diesen mit der Zeit entwickelt haben. Oder Sie haben sich, weil Sie eben dieser Stiltyp sind, Ihr Lebensumfeld genau so, wie es nun ist, geschaffen und ausgesucht. Ich finde es immer wieder spannend, wie oft der gewählte Beruf zum jeweiligen Stil passt!

Manchmal spielt es auch eine Rolle, ob Sie in der Großstadt oder auf dem Land wohnen, wenn Sie Kleidung kaufen. Oder wie alt Sie sind, ob Sie kleine Kinder haben oder gar keine, wie wichtig Ihnen Trends sind, und auch die eigene Psyche mischt manchmal mit, nämlich ob Sie eher extrovertiert oder introvertiert sind. Auch bestimmte Anlässe, die Sie besuchen wollen oder müssen, verlangen nach Kleidung, die vielleicht nicht ganz in Ihrem eigentlichen Stil liegt. Natürlich gehen Sie nicht mit High Heels in den Garten und nicht mit Gummistiefeln ins Theater. Aber letztendlich haben alle Stiltypen Kleidungsstücke, die es erlauben, sich in seinem Lebensumfeld harmonisch und stilsicher zu bewegen – und trotz allem noch Sie selbst zu sein!

So setzen Sie Ihren Stil in der Kleidung um:
In den folgenden Kapiteln stelle ich Ihnen jeden der sechs Stiltypen ausführlich vor. Sie erfahren, wie Ihr Stil in der Kleidung ausgedrückt werden kann, um mit Ihrer Figur und Ihrer Persönlichkeit zu harmonieren. Und Sie lernen, sich Schritt für Schritt eine Garderobe aufzubauen, die in jedem Kleidungsstück Ihren Stil zeigt. Wenn Sie nun noch Ihr Farbtypergebnis einbeziehen, sind Sie auf dem besten Weg zu einer perfekt kombinierbaren Garderobe!

Übrigens: Alle Beispielbilder sind auch im kompletten Outfit als Anregung für Sie gedacht! Wenn es also »nur« um die Hose oder das Oberteil geht, ist auch der Rest passend zum jeweiligen Typ.

Ihr Körperbau ist wie Typ 1 und Ihr Testergebnis ist auch 1.

Der sportliche Stil

Ihre Farben: Zu Ihnen passen alle »sportlichen« Farben sehr gut, wie Grüntöne, Blautöne, Orange und Gelb.

Ihre Stoffe: Natürliche Materialien mit Struktur und fester Qualität stehen Ihnen gut. Zum Beispiel: Leinen, Wildseide, Tweed, Bouclé, Cord, Jeans und Baumwolle.

Ihre Muster: Sie können gut abgesteppte Stoffe tragen, geometrische und abstrakte Muster, Karo, folkloristische Motive und Streifen. Alle Muster sollten lebendig, klar sein und nicht zu klein.

Accessoires: Accessoires sind nicht so Ihr Ding, Sie tun sich oft schwer damit? Tragen Sie natürliche Accessoires aus Holz oder Stein, jedoch möglichst nicht zu auffallend. Eine große, sportliche Uhr und eine legere, geräumige Tasche runden den Look ab.

Make-up/Haare: Ich weiß, Sie schminken sich fast nie und sind nicht so geübt darin. Ein dezentes Make-up wirkt aber immer sehr schön und betont Ihre Vorzüge – Sie sollten nicht ganz darauf verzichten! Ein schlichtes Make-up geht einfach und ist mit einigen wenigen Handgriffen gemacht. Verwenden Sie hier eine zarte Grundierung, ein wenig Rouge und tuschen Sie Ihre Wimpern. Auf die Lippen geben Sie einfach einen guten Pflegestift. Bei der Frisur ist es wichtig, dass Sie einen guten Schnitt haben, der völlig unkompliziert ist und am besten luftgetrocknet gut aussieht. Tragen Sie die Haare entweder länger und zu einem Zopf gebunden oder fransig kurz geschnitten.

Ihr Stil: Sie mögen es praktisch und unkompliziert, bei Kleidung ist Ihnen Funktionalität und Bequemlichkeit besonders wichtig. Da Sie kein Typ sind, der viel Wert aufs Aussehen legt, machen Sie sich auch wenig Gedanken darüber, was Sie tragen. Da Sie nun dieses Buch in den Händen halten, wollen Sie vermutlich daran etwas ändern. Das hat vielleicht zwei Gründe: Entweder Sie haben noch einen anderen Stil, der den sportlichen Grundtyp ergänzt. Oder Sie haben gemerkt, dass man als rein sportliche Frau nicht zu allen Anlässen angemessen erscheinen kann, wenn man sich nur freizeitlich-leger kleidet. Sie neigen dazu, sich sehr »männlich« zu kleiden und Make-up, Frisur und Accessoires etwas zu vernachlässigen.

Ihr Motto ist: »Ich darf nicht vergessen, dass ich eine FRAU bin!«

Obwohl der sportliche Stil so unspektakulär wirkt, kann man ihn auch attraktiv tragen! Sportlich muss nicht unordentlich und nachlässig heißen. Sie sind nun mal eine etwas burschikose Frau und sähen in Blümchenkleidern ja auch nicht wirklich überzeugend aus oder?!

Da Sie sich nicht leicht tun, die passende Kleidung für sich zu finden, neigt Ihr Umfeld oft dazu, Sie »belehren« zu wollen. Gerade die Ehemänner drängen oftmals zu Röcken oder Kleidern, die Freundin zu »trag doch mal Farbe, Lila wäre toll«, die Mutter möchte gerne mehr Muster an Ihnen sehen und rät zum geblümten Top. Vielleicht gehören auch Sie zu den Frauen, die ihre Lieben nicht enttäuschen wollen und diese Sachen dann auch kaufen. Mit zwei Ergebnissen: Sie tragen es und fühlen sich schrecklich – was man Ihnen dann auch ansieht. Oder das gute Stück verschwindet für immer in den Tiefen des Kleiderschranks und Sie müssen sich jedesmal eine neue Ausrede einfallen lassen, wenn der Ratgebende danach fragt.

Natürlich macht das keinen Sinn. Sie sind nicht der Typ für Schnickschnack, Ihre Figur ist es auch nicht. Meistens wissen Sie das auch, es gibt aber auch andere Beispiele. Ich bin ab und zu bei einer netten Kundin, die gerne Hilfe mit ihrer Kleidung hat, da sie sich selber etwas schwer tut zu entscheiden, was ihr steht und wie sie es kombinieren kann. Sie hat einen sehr sportlichen Körperbau, das heißt, breite Schultern und ein schmales Becken. Seltsamerweise fühlt sie sich von romantischen Kleidungsstücken mit Blumen, Spitze und Rüschen magisch angezogen, eine Kombination, die selten vorkommt! Diese Stücke kauft sie dann auch – zieht es dann aber entweder nicht an, weil sie sich komisch darin vorkommt, oder trägt es, was genauso schlecht ist. Sie muss lernen, ihren sportlichen Körper zu akzeptieren, da sie in den opulenten Sachen wie ihre eigene Großmutter aussieht! Sobald sie ihre Kleidungsstücke aber sehr schlicht und ein wenig klassisch, mit rustikalen Stoffen und geraden Schnitten kombiniert, sieht sie richtig super aus. Und natürlich kann sie Ketten oder Schals mit romantischen Motiven dazu tragen, auch Farben können ihre romantische Note ausdrücken.

Bevor Sie nun sagen »ach was, ich ziehe einfach das an, worauf ich Lust habe, wenn die arme Frau halt gerne Blumen mag – warum nicht?!« kann ich Ihnen nur antworten: Natürlich können Sie das! Da Sie sich aber mit diesem Buch auseinandersetzen, scheinen Sie es sich doch wert zu sein, attraktiv auszusehen und das Beste aus sich zu machen. Ich denke nicht, dass Sie Geld und Mühe in etwas (Ihre Kleidung) investieren sollten, das Sie danach schlechter wirken lässt! Was meinen Sie?

Top

Ihre Tops sind schlicht, einfarbig in Ihren typgerechten Farben, aus Baumwolle, nicht zu eng. Wichtig ist, dass sie breite Träger haben, um Ihre Schulterbreite zu unterbrechen. Trauen Sie sich ruhig, hier auch mal kräftige Töne aus Ihrer Palette zu wählen, wie kräftiges Blau, Gelb, Orange, Türkis oder klares Grün. Diese Tops ziehen Sie im Winter als Basis unter Longsleeves oder Pullis, im Sommer auch gerne so, mit Weste drüber oder einer leichten Jeansjacke. Da sie sehr schlicht sind, bietet es sich an, sie mit einer rustikalen Kette oder einem sportlichen Dreieckstuch »aufzupeppen«.

T-Shirt

Sie erfüllen den gleichen Zweck wie die Tops und können gerne auch in auffälligeren Farben sein. Achten Sie bitte darauf, das Sie keine »Herren T-Shirts« kaufen, sondern Damenshirts, die sich Ihrem Körper anpassen. Schlichte T-Shirts sind gut zu kombinieren, verlangen aber auch manchmal nach Schmuck, um nicht langweilig auszusehen. T-Shirts mit Aufdruck sehen dagegen auch pur zur Hose gut aus und können im Sommer bequem getragen werden. Dass Sie sich natürlich überlegen, was auf Ihrem Shirt steht und ob Sie sich wirklich damit zeigen wollen, versteht sich hoffentlich von selbst! Oft sind es auch Kleinigkeiten, die ein T-Shirt zu einem Oberteil machen, das sich sehen lassen kann. Vielleicht ist das ein andersfarbiger Einsatz, eine Ziernaht oder ein Ärmel, der tief angesetzt ist.

Longshirt
Dieses langarmige T-Shirt ist das perfekte Kleidungsstück für kältere Tage. Mit einem weiteren Ausschnitt, z.B. mit Knopfleiste, können Sie es über einem Top oder T-Shirt tragen, ist Ihnen kalt, unter dem Pullover oder der Strickjacke. Art und Farbe wie bei seinen kurzärmeligen Verwandten. Im Sommer sieht das Longshirt mit hochgekrempelten Ärmeln locker und trendy aus. Eine Anmerkung muss ich hier allerdings anfügen: die beliebte Variante, ein T-Shirt oder Top ÜBER das Longshirt zu ziehen, ist mittlerweile nicht mehr ganz so stilvoll.

Pullover
Hier schaffen Sie sich Ihre Basis mit schlichten Pullis in den Basisfarben, die zu allem passen. Wählen Sie V-Ausschnitte oder tiefe Rundausschnitte, unter denen die Farbe des Tops oder T-Shirts wirken kann. Achten Sie hier ein wenig auf Qualität, damit der Pullover auch einige Wäschen übersteht, reine Synthetik ist oft nicht angenehm zu tragen und sieht schnell unschön aus. Je nach Qualität neigt das Strickmaterial auch zum sogenannten Pilling und zeigt unschöne Knötchen, die durch die Reibung und das Waschen entstehen.

Strickjacke
Die Strickjacken sind aus grobem Strick: in großen Maschen oder mit dickem Zopfmuster. Sie sollten über den Po reichen und offen oder nur einige Knöpfe geschlossen getragen werden. Die Strickjacken kaufen Sie in Ihren Basisfarben und kombinieren Sie zu Tops, T-Shirts und Blusen. Wählen Sie Modelle mit großen Holz- oder Hornknöpfen, auch Lederflicken an den Ellenbogen passen gut. In der Übergangszeit können die dickeren Strickjacken auch wunderbar als Jacke genutzt und über dem Pullover getragen werden. Außerdem sollten Sie ein, zwei Cardigans aus feinerem Strick besitzen. Diese können Sie bei beruflichen oder festlichen Anlässen kombinieren.

(Hemd-) Bluse

Blusen stehen Ihnen gut, sollten aber nicht zu steif bzw. klassisch sein. Uni, mit dick-dünn abgewechselten Streifen und natürlich Karo in allen Variationen sehen Sie immer gut angezogen aus. Versuchen Sie beides: einmal in die Hose gesteckt, mit schönem Ledergürtel und Strickjacke getragen, mal aus der Hose und eine kurze Leder – oder Jeansjacke dazu. Bitte achten Sie dabei aber darauf, das die Bluse auch lang genug ist! Super sehen auch Westen darüber aus!

Eine gerade geschnittene Bluse, die nur knapp über den Gürtel reicht, sehr kastig geschnitten ist und über der Hose getragen wird, sieht unmodern aus! Viele Frauen haben diese Art noch im Schrank – schauen Sie, ob diese in die Hose gehen, oder ob ihre Zeit einfach abgelaufen ist. Keine Angst, wenn Sie unter einem kleinen Bäuchlein leiden, die Bluse kaschiert es perfekt, auch reingesteckt. Bitte den Gürtel nicht vergessen, wenn Gürtelschlaufen zu sehen sind!

Weste

Sie sind eine schöne Ergänzung, um Ihren Look etwas spannender zu gestalten. Wählen Sie hier eine aus Wildleder, Fell, Strick oder Jeans und tragen Sie sie über Tops und T-Shirts wenn es warm ist, über Longsleeves und Pullis, wenn es kälter ist.

Hose
Vermutlich sind Sie, wie alle sportlichen Frauen, ein Jeansfan. Und das ist auch gut so, denn zu Ihrer schmalen Hüfte und den langen, schlanken Beinen passt das auch gut. Kaufen Sie am besten schmale, gerade Modelle, die sind zeitlos und gut zu kombinieren. Ansonsten ruhig auch mal durchgefärbte Jeanshosen nehmen, in Grau, Schwarz, Braun oder gar Rot oder Grün.
Auch Chinos sind eine schöne Alternative zu Jeans. Es gibt sie in vielen Farben und Formen, sie sind auch oft etwas schicker und modischer als immer die Bluejeans. Gerade im Winter können Sie auch Cordhosen tragen, die durchaus wieder modern sind. Wählen Sie eine dunkle Basisfarbe und eine feine Cordart. Wichtig ist auch hier der Schnitt: recht schmal mit geradem Bein.

Rock
Wenn Sie Ihren Stil richtig ermittelt haben, tragen Sie keine Röcke oder Kleider, zumindest ist das meine Erfahrung aus den Typberatungen. Aber nicht nur im Sommer ist eine Frau in Rock oder Kleid schön anzusehen, angenehm zu tragen ist es auch.
Da Sie wenig Röcke tragen, sollten Sie auch nur einige Modelle besitzen, die Sie wirklich anziehen und in Ihre Garderobe integrieren können. Kaufen Sie gerade, sportliche Modelle, die knielang sind. Sie sollten aus Jeans, Cord oder Wildleder sein. Wenn Sie noch etwas richtig Schickes brauchen, steht Ihnen auch ein bodenlanger Rock aus fester Baumwolle gut.

Hemdblusenkleid
Es sieht aus wie ein Hemd, ist aber knielang. Der Stoff ist fest, es hat sportliche Taschen und meist ein passend sportliches Muster, oder ist aus Jeans oder Wildleder. Sie können es mit Stiefeln, Stiefeletten oder Halbschuhen mit blickdichter Strumpfhose und Strickjacke im Winter tragen, auch ein Longsleeve darunter ist möglich. Im Sommer kombinieren Sie einfach einen bequemen Mokassin dazu!

Blazer

Ja, ich ahne schon, was Sie gerade sagen: oh nein, sowas ziehe ich nicht an!

Ich hatte aber schon erwähnt, dass es nicht der klassische Nadelstreifenanzug sein muss, ich meine nur, dass Sie einen Blazer haben sollten. Und zwar einen, der zu Ihnen passt! Der Blazer ist ein wundervolles Kleidungsstück, dass immer eine gute Figur macht und Ihr Outfit auf neudeutsch »upgradet« , also in seiner Wirkung hebt. Wählen Sie einen Blazer in einer Ihrer Lieblingsbasisfarben aus und achten Sie auf folgende Punkte: Der Blazer sollte aus fester Baumwolle, Jeans oder Cord sein, aufgesetzte Taschen und/oder farblich abgesetzte Ziernähte haben und nicht zu kurz sein. Sie brauchen keinen kompletten Anzug, ein gut sitzender Blazer reicht. Er sollte nicht an den Schultern spannen, über der Brust zugehen und das Gesäß bedecken. Achten Sie auch darauf, dass die Ärmel lang genug sind. Diesen Blazer kombinieren Sie nun mit Ihrer restlichen Garderobe: zu einem bunten Top oder T-Shirt, über ein Longsleeve oder einem schlichten Pulli und natürlich zu Jeans oder Feincordhose. Festlich oder kompetent wird es zusammen mit einer Bluse.

Schuhe
Schuhe sind bei Ihnen kein großes Thema – deshalb sind sie es an dieser Stelle für mich! Denn Schuhe, und das sollten Sie bitte nie vergessen, entscheiden oft ausschlaggebend, ob Ihr Outfit gelungen ist oder nicht. Schuhe können ein Outfit »upgraden« oder aber »downgraden«, je nachdem, welchen Schuh man wählt. Da ich weiß, dass Sie in Schuhen vor allem gut und bequem laufen wollen, müssen Sie besonders darauf achten, dass Ihr Schuh nicht zu grob wird! Natürlich brauchen Sie keinen Absatz, wenn Sie das nicht mögen. Es gibt tolle flache Schuhe und groß sind Sie ja ohnehin.

Sie brauchen:
Winterstiefel in Ihrer Basisfarbe Schwarz (kalt) oder Braun (warm).
Diese können Sie perfekt zu Ihrem Hemdblusenkleid tragen, um ein schickes Outfit für den Job oder den Abend zu haben. Auch über die schmale Hose wirken gute Lederstiefel toll. Diese dürfen auch gerne bequem sein – achten Sie aber darauf, keine »boots-artigen« Stiefel zu wählen, da diese an Schick verlieren und nicht zum Kleid tragbar sind!
Stiefeletten in Ihrer Basisfarbe Schwarz (kalt) oder Braun (warm) oder in einem anderen Ton aus Ihrer Farbpalette, tragbar zu Kleid, Rock und Hose.

Mokassins, damit Sie im Sommer einen bequemen, aber eleganteren Schuh besitzen, der zu allem tragbar ist.
Sandalen, die zwar flach und bequem sein dürfen – es gibt aber durchaus attraktive Alternativen zum Treter mit Nylonriemen und Plastikschnallen, die eher in den Sport gehören.

Einen **Halbschuh**, der gepflegt aussieht und auch im Beruf gut tragbar ist. **Sneakers** für die Freizeit.
Und **Pumps** mit etwas Absatz für festliche Anlässe zu Kleid, Rock und schmalen Hosen.

Accessoires
Die meisten sportlichen Frauen tun sich sehr schwer mit Schmuck. Daher möchte ich Ihnen raten, meine Vorschläge einfach so, wie im Folgenden gezeigt, umzusetzen – nicht mehr und nicht weniger. Accessoires sind wie das Salz in der Suppe; fehlen sie, ist das Outfit fad.

Kette
Kaufen Sie sich drei Ketten, zwei lange und eine kurze. Eine lange Kette sollte entweder aus mittelgroßen, schlichten Holzperlen, Muscheln oder Steinperlen bestehen oder, wenn Ihnen das zu viel Schmuck ist, tragen Sie einen geschnitzten Holzanhänger, einen besonderen Stein, Horn oder Federn an einem Leder- oder Baumwollband oder einer Gliederkette. Die andere lange Kette wählen Sie in Silber oder, wenn Sie ein warmtoniger Typ sind in Kupfer/Messing/Bronze und am besten aus schlichten Ringen zusammengesetzt, vielleicht zweifach um den Hals zu legen. Die kurze Kette sollte wieder nur einen Anhänger haben und an einem schlichten Band hängen.

Ohrringe
Wenn Sie Löcher in den Ohren haben, sind Sie höchstwahrscheinlich eine der Frauen, die ihre Ohrringe ganz schlicht hält und diese Tag und Nacht trägt, oder? Das ist auch in Ordnung so. Nehmen Sie hier schöne Stecker in Silber oder Gold (Achtung Farbtyp, bitte nicht Metallfarben mischen!) und schmücken Sie Kleidung lieber mit der Kette.

Armreif und Ring
Sie tragen wahrscheinlich wenn Ihren Ehering, sonst haben Sie die Finger lieber frei.
Wie wäre es aber vielleicht mal mit einem rustikalen Reifen aus Holz am Arm? Sieht toll aus, wenn Sie kurze Sachen tragen! Versuchen Sie mal, ob es Sie zu sehr stört oder ob Sie sich daran gewöhnen können.

Uhr
Für die meisten sportlichen Frauen ist die Uhr ein Muss! Nehmen Sie diese bitte gleich als Schmuckstück wahr – da Sie sonst kaum etwas tragen, fällt die Uhr umso mehr ins Blickfeld! Plastikarmbänder und Kinderuhren sind nichts für Frauen, die etwas auf sich halten. Sie können gerne große Uhren mit breiten Metall- oder Lederband nehmen, die unisex sein dürfen. Achten Sie bitte wieder auf die Metallfarbe! Kalt = Silber, warm = Gold. Wenn Sie nicht gerne Gold tragen, nehmen Sie doch eine Uhr mit goldener Fassung und braunem Lederband. Es gibt auch schöne Uhren, die Bronzefarben sind und daher nicht so auffällig, diese müssen aber dann zu Ihrer (Metall-) Kette passen!

Schals und Tücher

Daran führt kein Weg vorbei! Die Ausrede, das würde nicht halten und immer rutschen zählt für mich nicht, da es sehr viele Knotenvarianten gibt, die bombig halten! Hierfür gibt es tolle Bücher oder Kurse, wenn Sie sich schwer damit tun. Schals oder Tücher sind ein »Must Have« für jedes Outfit. Da Sie eher schlicht gekleidet sind, macht dieser Halsschmuck jeden Ihrer Oberteile zu etwas Besonderem, wenn Sie die richtige Art Tuch wählen. Ich weiß von vielen Frauen, dass die Schals und Halstücher in dunklen Schubladen ihr Leben fristen – schade drum, aber meist sind es keine, die zum Stil passen.

Als sportliche Frau sind Ihre Schals aus Strick oder gewebter, weicher Baumwolle. Sie haben Fransen, sind gestreift oder kariert und in Ihren typgerechten Farben. Eine oder mehrere Farben im Schal sollten in Ihrem Outfit wiederzufinden sein. Sollten Sie ganz in Basistönen gekleidet sein, darf der Schal oder das Tuch aber auch als farbiger Akzent eingesetzt werden.

Bei Tüchern stehen Ihnen Dreieckstücher mit ein paar Fransen gut, Material und Muster ähnlich wie bei den Schals.

Schals und Tücher sind eine gute Möglichkeit, wenn Sie mal Lust auf etwas mehr Weiblichkeit haben! Große Blumen, die, da gewickelt, gar nicht so blumig aussehen, ein zarterer Stoff oder sogar einige Lurexfäden (Glitzer) veredeln ein schlichtes Outfit und machen es fast ausgehreif!

Schlingen Sie Schals oder Tücher einfach um den Hals, bei dünnen Arten verknoten Sie die Enden locker. Schals und Tücher zu tragen sollte nicht zur Knotenkunst ausarten, die meisten Frauen machen sich um das »WIE« viel zu viele Gedanken.

Auch die schlichte, »männliche« Variante, in der der Schal in der Hälfte gefaltet, um den Hals gelegt und vorne beide Enden durch die Schlaufe gezogen werden, eventuell abgewandelt in einen Webknoten (hier ziehen Sie ein Ende von oben durch die Schlaufe, das andere von unten), ist immer gut.

Gürtel

Ein rustikaler Gürtel hält die Hose immer dann an ihrem Platz, wenn Gürtelschlaufen an der Hose zu sehen sind. Achten Sie hier auf die Lederfarbe und passen Sie diese an Ihre Schuhe bzw. das Outfit an.

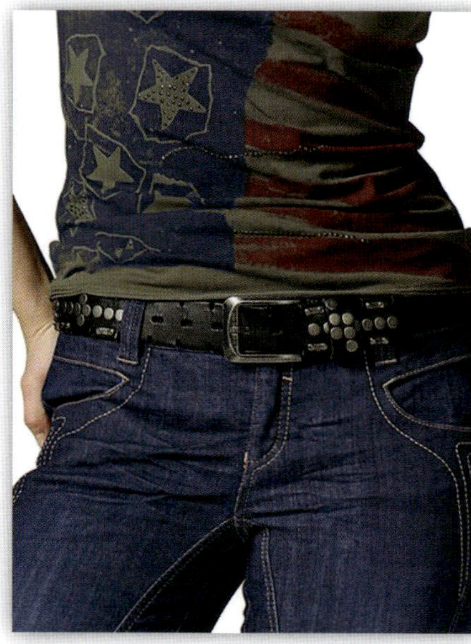

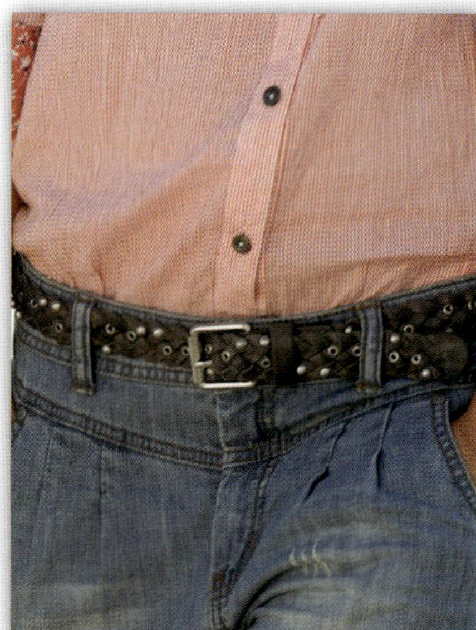

Tasche
Sie sind keine Frau, die Handtaschen sammelt. Deshalb kaufen Sie sich am besten eine rustikale Tasche aus gutem Leder in Sackform oder Ranzenform, in (warmtoniger Typ) Braun oder (kalttoniger Typ) Schwarz. Diese Tasche sollte genügend Platz haben und in der Größe zu Ihrer Figur passen (also groß sein). Breite Träger, aufgesetzte Taschen, grobe Reißverschlüsse und Schnallen runden den sportlichen Look ab.

Für Abendveranstaltungen reicht eine schlichte, unauffällige und kleinere Tasche, die sich allem gut anpasst.

Ihre Kleidung im Beruf

Beobachtungen in vielen Beratungen haben gezeigt, dass sich die meisten Frauen ihren Beruf passend zu ihrem Typ aussuchen. Frauen, die zum sportlichen oder natürlichen Typ gehören, sind selten in Berufen zu finden, in denen ein schicker Dress Pflicht ist. Sie sind eher in Bereichen unterwegs, in denen der schlichte, bequeme Look sogar fast ein Muss ist, wie Kindergärtnerin oder Krankenschwester. Manche sind auch im Büro beschäftigt, dort aber selten mit Kundenkontakt und in Branchen, in denen das Outfit nicht so wichtig ist, um Erfolg zu haben.

Trotzdem bin ich der Meinung, dass auch eine adrett angezogene Kindergärtnerin oder Lehrerin besser bei Kindern, Eltern und Kollegen ankommt als eine, die deutlich keinen Wert auf ihr Erscheinungsbild legt. Gerade Kinder schauen sehr auf Kleidung und Schuhe, lieben Schmuck und freuen sich, wenn die Lehrkraft hübsch angezogen ist! Unterschätzen Sie also auch in Berufen, in denen es vermeintlich keine Rolle spielt, wie Sie angezogen sind, nicht die Macht des Aussehens!

Als sportliche Frau brauchen Sie keine extra Berufskleidung, kombinieren Sie einfach Ihre »feineren« Kleidungsstücke miteinander. Tragen Sie hier eine farbige, gemusterte Bluse, eine durchgefärbte Jeans (ohne Waschungen) und einen feingestrickten Cardigan. Dazu Mokassins oder im Winter Stiefel oder Stiefeletten. Auch Ihr Hemdblusenkleid sieht hier immer gut aus! Einfach mit Pullover, Strickjacke oder, ganz schick, mit Blazer tragen.

Haben Sie einen wichtigen Termin mit dem Chef, einem unangenehmen Kollegen oder ein Elterngespräch, rate ich Ihnen zu Ihrem Blazer, natürlich in Kombination mit einer Jeans – Sie werden erstaunt sein, wie viel sicherer Sie dastehen werden!

Ihre Kleidung am Abend

Gehen Sie gerne aus? Dann sollten Sie auch so aussehen!

Abends ist Kleidung angesagt, die sich vom Alltag abhebt und etwas Besonderes aus Ihnen macht. Auch als sportliche Frau sollten Sie sich da nicht lumpen lassen, wenn alle anderen Damen in eleganten Roben oder kurzen Kleidern daherkommen. Aber es muss zu Ihnen passen, logisch. Mein Vorschlag hier:

Schickes Oberteil

Kaufen Sie sich ein schickes Oberteil in einer Farbe, die Sie besonders gerne mögen, natürlich unbedingt typgerecht. Dieses Oberteil sollte sich aber wirklich von Ihren Tops und T-Shirts, die Sie als Basics im Schrank haben, unterscheiden! Vielleicht hat es einen schönen Wasserfallkragen, einige Pailletten oder Stickereien? Seien Sie hier bitte ein bisschen mutiger als sonst. Hierzu tragen Sie eine schmale Hose, ohne aufgesetzte Taschen und weder verschlissen noch ausgebleicht. Ganz wichtig: Ihre schicksten Schuhe dazu anziehen!

Wenn Sie das nicht mögen, dann tragen Sie ein schlichtes Basic aus Ihrem Schrank und kombinieren dazu eine schicke Weste! Auch ein Schal mit Lurexfäden hebt den Glamour. Schmale Hose, schicke Schuhe!

Zu festlichen Anlässen wie Firmenfeiern oder Geburtstagen holen Sie dann Ihren Blazer hervor! Er lässt Sie definitiv gut gekleidet sein. Dazu ein schlichtes Top in einer tollen Farbe und eine schöne, schmale Hose. Wichtig hier: Kette, Ohrringe und eventuell Armreif nicht vergessen! Auch ein Schal ist hier schön. Schicke Schuhe!!!

Zu Hochzeiten, vor allem wenn Sie Trauzeugin oder Brautmutter sind, ist ein Kleid weiblicher und passt besser. Tragen Sie Ihr Hemdblusenkleid mit einem lockeren Gürtel um die Taille, einer Kette dazu und schönen Schuhen! Wenn Sie gerne noch schicker sein möchten, kaufen Sie sich ein weiteres Hemdblusenkleid, diesmal aber nicht aus karierter Baumwolle, sondern einem feinen Stoff mit leichtem Glanz!

Häufig findet man beim sportlichen Typ Stilmischungen, die es ihm auch ermöglichen, bei festlichen Anlässen gut auszusehen oder einfach auch mal etwas femininer aufzutreten.

Stilmischung sportlich-klassisch

Figur Typ 1, Stiltest Ergebnis 5

Mit ihrer Gradlinigkeit passen diese beiden Stile gut zusammen. Sie sind beide schlicht und schätzen die Unauffälligkeit in der Kleidung. Die schnörkellose Garderobe mit schlichtem Schick der Klassikerin schätzt auch so manche sportliche Frau. Der klassische Stil hilft der Sportlichen, eleganter und weiblicher zu wirken und sich auch in der Öffentlichkeit präsentieren zu können. Zusätzliche kann die sportliche Frau ihre Garderobe auch altersgerecht gestalten, da den sportlichen Klamotten oft der Schick fehlt und es dadurch ungepflegt wirken kann.

Ihre perfekte Garderobe
Ihre Basisgarderobe ist wie beim sportlichen Stil. Achten Sie aber noch etwas mehr auf die Qualität der Stücke.

Ihre Pullover sind schlicht, mit V-Ausschnitt, vielleicht aus Kaschmir. Auch Ihre Strickjacken sind etwas feiner, aus Kaschmir oder Baumwolle oder feiner Wolle.

Blusen sind für Sie das perfekte Kleidungsstück, gut zu kombinieren unter Pullover und Strickjacke. Ihre Blusen sollten in den besten typgerechten Farben sein, da der Kragen direkt am Gesicht ist.
Kaufen Sie sich auch ein, zwei reine Seidenblusen, in denen Sie für festliche Veranstaltungen gut gekleidet sind.

Mit Ihrem klassischen Stilteil machen Sie in einem Hosenanzug eine tolle Figur! Kaufen Sie sich ein oder zwei in Ihren Basisfarben:
Kalt/dunkler Typ: Schwarz und Anthrazit
Kalt/heller Typ: Anthrazit und Hellgrau
Warm/heller Typ: Beige und Mittelbraun
Warm/dunkler Typ: Schwarzbraun und Mittelbraun

Der Hosenanzug sollte schlicht und zeitlos sein. Eine geradegeschnittene Hose und ein Blazer, der Ihren Po fast bedeckt. Der Hosenanzug sieht klassisch-schick im Ganzen aus und eignet sich als Büro-Outfit bei geschäftlichen Anlässen. Auch bei festlichen Angelegenheiten sieht der Anzug mit einem schicken Top oder einer glänzenden Seidenbluse gut aus.

Natürlich können Sie das Ensemble auch getrennt gut einsetzen: Die Hosen sehen mit feiner Strickjacke oder schlichtem Pullover, mit Bluse und/oder Weste gepflegter und schicker aus als mit Jeans.

Die Blazer können Sie mit Jeanshose oder Chino auch gut tragen, wenn Ihnen der Anzug mal zu formell erscheint, z.B. auf der Arbeit wenn nichts Besonderes ansteht.

Zusätzlich zu einem gepflegten Hemdblusenkleid sollten Sie sich ein schlichtes Etuikleid kaufen, am besten in einer schlichten Farbe. Dieses Kleid ist vielfältig einsetzbar: über einer Bluse sieht es sehr schick bis formell aus. Über ein Longsleeve mit breitem Gürtel perfekt für jede Einladung. Oder Sie tragen eine Strickjacke, gerne auch eine Längere darüber, dann sieht das Kleid auch im Job gut aber nicht zu schick aus. Mit passendem Blazer haben Sie ein kompetentes Outfit für formelle Anlässe.

Ihre Ketten dürfen etwas schlichter sein, eventuell echt. Tragen Sie eine kurze Gliederkette aus Metall (typgerecht) im Ausschnitt von Bluse oder Pullover. Eine lange Metallkette, vielleicht mit einzelnen Perlen im selben Material oder echten Perlen passt hervorragend über schlichte Oberteile und das Etuikleid. Kaufen Sie aber ruhig auch noch eine etwas sportlich-natürlichere Kette, die Ihr Outfit legerer wirken lässt, wenn Ihnen eine Kombination doch mal zu klassisch sein sollte. Da Sie eine große Frau sind, sollten alle Ketten nicht zu feingliedrig sein!

Kurze, breite Kreolen und Stecker passen immer. Wenn Sie feminin-klassisch unterwegs sind, auch mal mit Perlensteckern.

Schals und Tücher sind für Sie eine gute Variante, wenn Sie sich klassisch wohlfühlen, es aber auch nicht zu viel sein sollte. Mit einem klassischen, viereckigen Seidentuch im Hermes-Stil oder einem schlichten Pashmina sehen auch sportliche Kleidungsstücke schick aus!

Ihre Uhr kann klassisch-sportlich sein, nicht zu klein und komplett aus Metall. Tragen Sie keine Spielereien, ein einfaches Anzeigeblatt genügt.

Auch Ihre Tasche ist groß und geräumig in der Basisfarbe, aber etwas schlichter und schicker! Vielleicht mit Krokoprägung oder einfach ohne viel Verzierung. Achtung: unbedingt auf Schuhe und Gürtel abstimmen!

Sie sollten ein paar schlichte Pumps in Schwarz (kalt) oder Dunkelbraun (warm) besitzen, mit 2-3 cm Blockabsatz. Dieser Schuh passt zu allen Kleidungsstücken und wertet sie auf.
Ihre Stiefel sind immer noch bequem, aber feiner als die der sportlichen Frau, damit Sie auch zu Bluse und Blazer tragbar sind.
Stiefeletten sind für Sie eine gute Winteralternative zum Stiefel, die Sie sowohl zu Hose als auch Kleid tragen können.
Klassische Halbschuhe sind bei nassem Wetter oder in der Übergangszeit perfekt in der Arbeit aber auch, wenn es etwas feiner sein sollte.
Mokassins sind bequeme Schuhe im Sommer, die zu Hose und Kleid passen.
Sandalen bitte nicht zu sportlich wählen. Nehmen Sie flache mit vielen Riemen, in denen Sie Halt haben.

Stilmischung sportliche-dramatisch

Figurtyp 1, Stiltest Ergebnis 6

Diese Stilmischung ist spannend und reizvoll. Da Sie so groß sind wie die Dramatikerin, können auch Sie diesen Stil optimal tragen. Wenn Sie dieses Ergebnis haben, ist Ihnen der sportliche Stil in seiner Art vermutlich zu langweilig und bodenständig. Sie sind eine Frau, die durchaus gerne mal auffällt und das Besondere schätzt. Für Sie gilt: alles, was anders ist, passt! Zelebrieren Sie Ihren burschikosen Körper – und Sie werden der Hingucker schlechthin. Da Sie eben nicht so kurvig gebaut sind, passiert es Ihnen auch nicht so leicht, dass man Ihnen die Dramatik in der Kleidung als »billig« auslegen kann.

Ihre perfekte Garderobe

Bei Tops, T-Shirts und Longsleeves können Sie die Basis des sportlichen Stils nehmen. Hier greifen Sie am besten zu längeren Varianten, die über den Po gehen. Auch Trägerteile, die recht weit und lang sind, mehrere übereinander und mit spannenden Drucken passen gut zu Ihrem Look.

Weite Pullover mit groben Maschen, halb über die Schulter getragen, Fledermausärmel, U-Boot-Ausschnitt, vorne kurzer Saum, hintern länger, große, grafische Muster oder Drucke, Blockfarben etc. Alles sollte leger, locker und ein wenig burschikos sein und natürlich trendy und anderes.
Lange, grobe Strickjacken mit großen Metallknöpfen oder außergewöhnlichen Schließen, weiten Ärmeln, großen Mustern…Natürlich sollten Sie auch ein bis zwei schlichtere Varianten besitzen.

Bei den Hosen richten Sie sich am besten nach dem sportlichen Stil. Allerdings dürfen Sie auch hier nach Besonderheiten suchen: knöchellange Hosen mit Reißverschluss, Ziernähte oder Farbvarianten sind möglich. Auch eine Lederhose gehört in Ihren Kleiderschrank.

Lederwesten mit Fransen, Westen mit Stickereien oder Metallaufnähungen … peppen auch ein schlichtes T-Shirt oder Longsleeve auf!

Lange Blazer im Gehrockstil stehen Ihnen gut! Auch hier müssen Sie nicht auf schlichte Teile zurückgreifen: achten Sie auf besondere Knöpfe, ausgesetzte Taschen, Schulterklappen, tolle Stoffe. Vielleicht auch mal einen aus Cord oder Samt. Toll ist auch der Uniform-Stil mit doppelreihigen Knöpfen. Tragen Sie die Blazer zu schmalen Jeans oder einer Lederhose.

Sie sind nicht der Typ für allzu feminine Stücke. Wenn Sie möchten, tragen Sie ein schlichtes, schwarzes Kleid aus grobem Stoff, hier können Sie auch zu langen Varianten greifen.

Ihre Kleidung im Job

Wahrscheinlich haben Sie schon den Beruf, der zu Ihrem Stil passt und können auch hier mehr wagen. Ansonsten tragen Sie eher den sportlichen Look auf der Arbeit und kombinieren schlichte Sachen mit einem besonderen Hingucker.

Ihre Kleidung am Abend

Sie können und müssen auffallen – soviel, wie es sich für Sie gut anfühlt. Ihre große Figur ist sowieso schwer zu übersehen! Tragen Sie hier burschikose Laufstegoutfits: Weiße Hemdbluse (weit), langer Gehrock bzw. Blazer, enge Lederhose und einen Hut!

Eher unwahrscheinlich ist die Mischung sportlich-romantisch (1+3) oder sportlich-feminin (1+4), da diese Stile nicht nur in der Figur, sonder auch in ihrer Art sehr konträr sind. Sollte dieses Ergebnis bei Ihnen herausgekommen sein, überprüfen Sie bitte noch einmal Ihre Figur. Sind Sie wirklich 1,75 m (Tendenz eher größer) und haben »Schwimmerschultern«? Ich vermute, Sie gehören eher in den natürlichen Typ (Typ 2).

Ihr Körperbau ist wie Typ 2 und Ihr Testergebnis ist auch 2.

Der natürliche Stil

In diesem Stil fühlt sich ein Großteil der deutschen Frauen wohl. Ich denke, dass ist in anderen Ländern etwas anderes, hier sind meine Beobachtungen aber, dass viele Frauen es vorziehen, bequeme und legere Kleidung zu tragen, die dann mal in die feminine, mal in die klassische Richtung geht. Dieser Frauentyp schwankt immer etwas zwischen »gut gekleidet sei wollen« aber »nicht zu viel dafür tun müssen«. Dadurch, dass Sie sich als natürlicher Typ nicht allzu viel Gedanken über Ihr Outfit machen, fällt es Ihnen aber oft etwas schwer, mit Kombinationen und Accessoires zu arbeiten. Viele meiner Kundinnen gehören zu diesem Typ: Sie sind auf der Suche, weil sie merken, dass sie vielleicht doch mehr aus sich machen könnten, aber nicht genau wissen wie! Der natürliche Typ schminkt sich selten und hat daher wenig Erfahrung darin – würde es aber, in Maßen, gerne mal tun. Bei der Kleidung ist der Spielraum ähnlich klein und oft fehlt auch hier der Mut, wieder mehr »Frau« zu sein. Mit Definition des Stils und der eventuellen Ergänzung durch einen Weiteren lässt sich aber auch ein praktisches und trotzdem feminines Outfit erstellen. Gerade für Sie ist es wichtig, Struktur und Sicherheit im Umgang mit Ihrer Kleidung zu bekommen. Da Sie weniger burschikos gebaut sind als der sportliche Typ, ist es wichtig, dass Sie auch feminine Details hier und da wieder einbauen.

Ihr Motto: »Gutes Aussehen kommt nicht ganz von allein!«

Zu Ihrer geradlinigen Figur passen Stoffe und Formen, die ebenso schnörkellos sind. Auch in Farben und Mustern sind Sie zurückhaltend und das ist auch gut so. Wichtig ist jedoch, dass Sie die Accessoires nicht vergessen, um Ihrem Styling eine gepflegt-legere Note zu verleihen. Auch Ihre Haarfrisur darf locker und wild sein – dafür muss der Schnitt aber auch gut sein! Ein bisschen Make-up ist – mit etwas Übung – in ein paar Minuten gemacht und lässt Sie frischer und jünger wirken.

Schlichter Chic lautet Ihre Devise, Sie sind eher unkompliziert und mögen Bewegungsfreiheit in Ihrer Kleidung. Achten Sie daher auf ein lockeres, sportliches und doch gepflegtes Erscheinungsbild. Ab und zu mal ein weibliches Kleidungsstück kommt bei Ihrer Umgebung bestimmt gut an!

Ihre Farben: Sie fühlen sich in Naturtönen wie Braun, Beige, Grau, Wollweiß und Blautönen am wohlsten. Ergänzen Sie diese Farben mit den Highlights aus Ihrem Farbtyp!

Ihre Stoffe: Wählen Sie natürliche, griffige Stoffe wie Strickware, Baumwollstoffe und Flanell, aber auch Tweed, Jeans, Jersey, Cord, Leder und Leinen.

Ihre Muster: Diese dürfen ruhig sportiv sein, Streifen und Karos sind möglich. Achten Sie jedoch darauf, dass die Musterung im Verhältnis zu Ihrer Körpergröße passt.

Ihre Accessoires: Rustikale Accessoires ergänzen Ihren Look, denkbar sind originelle Ledergürtel, Ketten aus Stein- oder Holzperlen. Ihre Handtaschen können praktisch und geräumig sein.

Make-up/Haare: Da auch Sie nicht so gerne Ihre Zeit im Bad verbringen, sollten Sie sich einige wenige Make-up-Utensilien, die zu Ihrem Typ passen, besorgen und griffbereit ins Badezimmer legen. Mit wenigen Handgriffen zaubern Sie aus Grundierung, Rouge, etwas beigen Lidschatten und Wimperntusche einen tollen Tageslook.

Ihre Frisur sollten Sie so natürlich wie möglich lassen, wenn Sie Naturwelle haben, reicht ein gerader, gepflegter Schnitt. Wenn die Haare glatt sind, sollten sie gut gestuft sein und circa schulterlang.

Top
Ihre Tops sind schlicht, einfarbig oder gestreift in Ihren typgerechten Farben, aus Baumwolle. Wichtig ist, dass sie breite Träger haben, um Ihre Schultern nicht breiter wirken zu lassen. Farblich wählen Sie Ihre Basisfarben und einige Ihrer Lieblingsfarben aus Ihrem Farbtyp.

Diese Tops ziehen Sie im Winter als Basis unter Longsleeves oder Pullis, im Sommer auch gerne so, mit Weste, Strickjacke oder einer leichten Jeansjacke. Da sie sehr schlicht sind, bietet es sich an, sie mit einer schönen Kette oder einem netten Schal »aufzupeppen«.

T-Shirt
Die T-Shirts halten Sie ähnlich wie Ihre Tops. Hier nicht zu weite Schnitte wählen, wenn Ihre Problemzone allerdings in der Bauchgegend liegt, bitte keine anliegenden Stretchstoffe nehmen. Die T-Shirts sollten also eine körpernahe Silhouette haben, aber locker über den Bauch fallen. Achten Sie auch darauf, dass die Länge mindestens über den Gürtel geht.

Longshirt
Diese langarmigen T-Shirts sind das perfekte Kleidungsstück für kältere Tage. Mit einem weiteren Ausschnitt, z.B. mit Knopfleiste, können Sie es über einem Top oder T-Shirt tragen, ist Ihnen kalt, unter dem Pullover oder der Strickjacke. Art und Farbe wie bei seinen kurzärmeligen Verwandten.

Wenn Ihnen im Winter eher kalt ist, auch als Rollkragenvariante. Weniger passend ist das allerdings, wenn Sie ein eher breitflächiges Gesicht haben, da Ihre Ausschnitte dann etwas halsferner sein sollten.

Pullover
Hier schaffen Sie sich Ihre Basis mit schlichten Pullis in den Basisfarben, die zu allem passen. Wählen Sie V-Ausschnitte oder tiefe Rundausschnitte, unter denen die Farbe des Tops oder T-Shirts wirken kann. Achten Sie hier ein wenig auf Qualität, damit der Pullover auch einige Wäschen übersteht, reine Synthetik ist oft nicht angenehm zu tragen und sieht schnell unschön aus. Je nach Qualität neigt das Strickmaterial auch zum sog. Pilling und zeigt unschöne Knötchen, die durch die Reibung und das Waschen entstehen. Wenn Sie mögen, auch gerne mal ein Pullover mit weitem Rollkragen oder einem schönen Strickmuster, besonderen Bündchen oder eine lange Variante nehmen.

Strickjacke

Die Strickjacken kaufen Sie in Ihren Basisfarben und kombinieren Sie zu Tops, T-Shirts und Blusen. Eine Strickjacke sieht oft spannender aus als ein Pullover und vervollständigt Ihren Look. Ein weiterer Vorteil ist, dass sie immer eine gute Figur macht und kleine Pölsterchen um die Hüften oder am Bauch einfach wegzaubern! In der Übergangszeit können die dickeren Strickjacken auch wunderbar als Jacke genutzt und über den Pullover getragen werden. Greifen Sie hier ruhig zu: gröbere Strickarten, feinerer Strick, in langer oder in kurzer Form. Sie lassen sich sehr gut kombinieren und eignen sich sowohl für einen sportlich-legeren Look also auch für Beruf oder Feste.

Grundsätzlich sind Ihre Strickjacken aber eher schlicht und zeichnen sich mehr durch nette Knopfvarianten oder Lederflicken am Ellenbogen aus also durch wallenden Stoff oder bunte Muster.

(Hemd-) Bluse

Blusen stehen Ihnen auch gut. Uni, mit dick-dünn abgewechselten Streifen und natürlich Karo in allen Varianten sehen Sie immer gut angezogen aus. Versuchen Sie beides: einmal in die Hose gesteckt, mit schönem Ledergürtel und Strickjacke getragen, mal aus der Hose und eine kurze Leder- oder Jeansjacke dazu. Bitte achten Sie dabei aber darauf, dass die Bluse auch lang genug ist! Super sehen auch Westen darüber aus! Sollte Ihnen dieses Kleidungsstück jedoch zu steif und unbequem sein, ersetzen Sie es lieber durch schöne Unterzieher aus Jersey wie Longtops.

Auch hier gilt:
Eine gerade geschnittene Bluse, die nur knapp über den Gürtel reicht und über der Hose getragen wird, sieht unmodern aus! Viele Frauen haben diese Art noch im Schrank – schauen Sie, ob diese in die Hose gehen, oder ob ihre Zeit einfach abgelaufen ist. Keine Angst, wenn Sie unter einem kleinen Bäuchlein leiden, die Bluse kaschiert es perfekt, auch reingesteckt. Bitte den Gürtel nicht vergessen, wenn Gürtelschlaufen zu sehen sind!

Hose

Wahrscheinlich tragen Sie sehr viel Jeans. Diese beliebte Hose kann auch durchaus weiterhin Grundlage in Ihrer Garderobe sein. Kaufen Sie am besten schmale, gerade Modelle, die sind zeitlos und gut zu kombinieren. Ansonsten ruhig auch mal durchgefärbte Jeanshosen nehmen, umso verwaschener die Jeans, umso weniger gepflegt sieht Ihr Outfit aus.
Versuchen Sie ruhig auch mal eine andere Hosenvariante. Besonders schön sind Chinos, die es in vielen Formen und Farben gibt. Diese feste Baumwollhose ist bequem zu tragen und ist gerade im Sommer eine wunderbare Alternative zur Jeans. Da Sie figürlich eher in der Hüfte zu den Schultern ausgleichen müssen und dort schmal sind, können Sie sehr gut auch Chinos mit Bundfalten tragen!
Bitte keine ¾ Hosen! Meiner Meinung nach ist das eine modische Sünde, die nur Frauen mit extrem dünnen Beinen steht! Meistens sind die Waden der natürlichen Frau eher wohl proportioniert und sollten nicht an der breitesten Stelle noch betont werden. Wenn Sie es gerne luftiger haben möchten, nehmen Sie einfach ein schmale 7/8 Hose, die bis zum Knöchel geht – mit einer dezenten Bügelfalte macht sie ein schönes, schlankes Bein. Aber bitte schmale Schuhe wie Mokassins oder Ballerinas dazu tragen!
Die ein oder andere gerade Stoffhose sollte auch in Ihrem Schrank hängen. Kaufen Sie hier einfach eine komplette Kombination aus Blazer und Hose, dann können Sie beide Teile optimal einsetzen.
Eine Stoffhose wirkt immer gleich schicker als Jeans. Mit allen Ihren Oberteilen kombiniert ist sie toll für Büro oder festliche Anlässe.

Gerade im Winter können Sie auch Cordhosen tragen, die durchaus wieder modisch sind. Wählen Sie hier eine dunkle Basisfarbe und einen feinen Cordsamt. Wichtig ist auch hier der Schnitt: recht schmal mit geradem Bein.

Weste

Eine Fellweste über einer langen Bluse oder eine kurze Variante mit kleinen Verzierungen peppt schlichte Oberteile auf! Auch Strick hält nicht nur warm, sondern sieht auch gut aus.

Rock

Auch wenn Sie es bis jetzt selten tun – tragen Sie mal einen Rock! Sie werden erstaunt sein, wie gut das bei Ihrer Umgebung ankommt. Allerdings muss es das richtige Modell sein, natürlich, schlicht und bequem. Hier eignet sich am besten ein gerader oder eher leicht v-förmiger Jeansrock und/oder ein Cordrock für den Winter, mit blickdichter Strumpfhose in der Farbe der Stiefel oder Stiefeletten. Eine ausgestellte Form macht erfahrungsgemäß eine weniger gute Figur, da der steife Stoff sehr absteht und Sie unförmig wirken lässt. Im Sommer nehmen Sie einen leichteren Baumwollstoff in schlichter A-form.

Achtung: die Rocklänger ist nicht länger als Mitte Knie! Kürzer als eine Hand über dem Knie sollten Sie allerdings ab ca. 40 Jahren auch nicht gehen.

Kleid
Auch Kleider sind meistens nicht das Lieblingsthema der natürlichen Frau, dabei steht Ihnen auch das sehr gut! Für Sie ist, wie beim sportlichen Typ, das Hemdblusenkleid ideal.

Aber auch ein schlichtes, schmales, A-linienförmiges Modell passt gut zu allen Anlässen und lässt sich mit Strickjacke oder Blazer kombiniert toll tragen.

Blazer bzw. Hosenanzug

Ich bin mir sicher, Sie werden einen Hosenanzug selten brauchen und er ist oder wird wohl nicht Ihr Lieblingskleidungsstück, sei denn, Sie brauchen es beruflich. Allerdings macht es durchaus Sinn, wenigstens eine gute Kombination im Schrank zu haben: Blazer machen immer eine tolle Figur und sind vielfältig einsetzbar und auch eine feinere Hose passt sich gut so manchem Anlass an!

Kaufen Sie also gut überlegt eine Blazer-Hose-Kombination aus guter Qualität, Ihrer optimalen Basisfarbe und einem zeitlosen Schnitt. Trotzdem darf beides zu Ihrem Stil passen: am besten ohne Muster, so schlicht wie möglich im Stoff. Das Material sollte griffig und matt sein. Gerne darf der Blazer aufsetzte Taschen haben, um sportlicher zu wirken, auch das Revers lieber nicht zu hochgeschlossen wählen (ist sehr klassisch). Die Hose ist gerade und nicht zu weit, damit Sie sie auch einzeln gut tragen können. Achten Sie auf eine optimale Passform: kein Spannen am Rücken, der Blazer sollte ohne Spannung zugehen, die Länge passend zu Ihrer Größe hüftlang oder knapp po-bedeckt.

Schuhe

Ihnen ist es wichtig, in Ihrem Schuh bequem laufen zu können, richtig? Das ist auch gut so. Natürlich gibt es viele Schuhe, die auch ohne hohe Absätze gut aussehen. Wichtig ist, dass Sie sich darüber im Klaren sind, was ein Schuh bewirken kann: er verändert ein ganzes Outfit komplett!

Das bedeutet, wenn Sie sich schicker kleiden, sollte auch der Schuh unbedingt weniger grob und sportlich sein. Auch im Alltag sollten Sie darauf achten, nicht aus purer Bequemlichkeit immer in den Turnschuh zu schlüpfen – Ihre Kleidung wirkt damit eher unglaubwürdig. Besser auch zur Jeans einen flachen, bequemen aber doch guten Schuh anziehen.

Für schickere Anlässe oder zu Kleid und Rock bietet es sich an, einen Ballerina, Mokassin und im Winter einen schlichten Stiefel zu besitzen und zu kombinieren.

Accessoires

Der natürliche Typ vergisst häufig die Accessoires! Dabei sind die wie das Salz in der Suppe; also bitte nie mehr vergessen! Wichtig ist natürlich auch hier, die zum Typ passenden Accessoires zu wählen, damit Sie sich wohlfühlen. Da Sie sich ja eher mit dem Einsatz von Ketten und Co. schwertun, ist es umso wichtiger, dass Sie hier auf wenige aber rundum einsetzbare Teile achten.

- Unbedingt den Farbtyp beachten: welche Fassungen haben die Schmuckstücke? Wenn Sie sich mit Gold nicht so anfreunden können, halten Sie Ausschau nach gebürsteten Stücken oder Bronze und kupferfarbene Modelle. Wenn Sie sich nach einem Metallton richten, passen alle Ihre Metallsachen harmonisch zueinander: Ohrringe, Ketten, Armbänder, Uhr, Gürtelschnalle, Ringe und Schnallen an Handtaschen und Schnallen und Nieten an Schuhen. Das sieht nicht nur stilvoller aus, sondern befreit Sie ab jetzt auch von der Planung: ziehen Sie sich einfach an, es passt alles zusammen!
- Beachten Sie Ihren Stil: geschenkte Schals sind das beste Beispiel an Stücken, die der Kleiderschrank für immer verschluckt – sie passen einfach oft nicht zur Beschenkten. Denn auch Ihre Accessoires sollten schlicht und ein wenig rustikal sein.

Kette

Zu Ihnen passen, ähnlich wie beim sportlichen Stil, auch Ketten aus natürlichem Ursprungsmaterial wie Stein, Holz, Elfenbein oder Edelsteine. Oft reicht es, wenn ein schöner Stein die Kette schmückt. Auch Holzperlen gemischt mit Ihrem Metall sehen toll aus. Insgesamt sollte Ihr Schmuck aber nicht zu wuchtig sein und zu Ihrer Größe passen.

Um für jeden Anlass gerüstet zu sein, kaufen Sie sich am sinnvollsten drei Ketten:

- Eine kurze mit kleineren Perlen aus Edelstein oder Holz oder mit einem Anhänger in der Mitte. Sie passt zu allen Ausschnitten, die sonst schon mit Knöpfen etc. verziert sind und nur den Hals schmücken sollen.
- Eine lange Kette, die eher rustikal ist. Zum Beispiel verschieden große und farbige Holz- oder Steinperlen, eventuell gemischt mit Metall. Sie schmückt schlichte Tops und Pullover im Alltag.
- Eine schicke, lange Kette, wenn es festlich oder eleganter werden soll. Hier bieten sich reine Metallketten aus Gliedern, vielleicht geschmückt mit Perlen an oder aber ein Band/Kette mit einem besonderen Anhänger.

Ohrringe

Wenn Sie Ohrringe tragen, sind das meisten kleine, unauffällige Stücke? Achten Sie darauf, dass Sie die passende Metallfarbe wählen!

Armreif und Ring

Vielleicht haben Sie mal Lust auf einen schönen Ring? Mit Holzeinsatz oder einem groben Edelstein schmückt er als einzelnes Stück Ihren Finger toll.

Armreifen sind auch eine schöne Variante, im Sommer nackte Arme zu schmücken. Auch hier passt ein schöner, afrikanischer Holzarmreif oder Metall mit eingravierten Mustern.

Uhr

Die Uhr darf bei Ihnen gerne sportlich, sollte aber nicht zu wuchtig sein. Passen Sie sie an die Breite Ihrer Handgelenke an. Damit die Uhr nicht zu männlich wirkt, empfehle ich ein schönes Lederband, entweder in Schwarz oder Braun.

Schals und Tücher
Die i-Tüpfelchen auf jedem Outfit! Lesen Sie mal den Text beim sportlichen Typ – für Sie gilt das ähnlich! Denn gerade, wenn das Outfit eher schlicht und praktisch ist, geben Schals und Tücher eine angezogene Note hinzu. Daher bitte nicht weglassen! Hängen Sie sich, wenn Sie sich damit sehr schwertun, den passenden Schal zum jeweiligen Outfit oder Oberteil mit auf den Bügel!

Auch bei Ihnen sind die Schals aus Strick oder gewebter, weicher Baumwolle. Sie haben Fransen, sind gestreift oder kariert und in Ihren typgerechten Farben. Eine oder mehrere Farben im Schal sollten in Ihrem Outfit wiederzufinden sein. Sollten Sie ganz in Basistönen gekleidet sein, darf der Schal oder das Tuch aber auch ein farbiger Akzent sein.

Bei Tüchern stehen Ihnen gut die Dreieckstücher mit ein paar Fransen, Material und Muster ähnlich wie bei den Schals.

Schals und Tücher sind eine gute Möglichkeit, wenn Sie mal Lust auf etwas mehr Weiblichkeit haben! Zarte Blumenmuster, die, da gewickelt, gar nicht so blumig aussehen, ein zarterer Stoff oder sogar einige Lurexfäden (Glitzer) veredeln ein schlichtes Outfit und machen es fast ausgehreif!

Gürtel
Ein Gürtel schmückt und hält die Hose an ihrem Platz. Wählen Sie hier natürliche, rustikale aber nicht zu klobige Modelle aus, die in der Farbe zu Ihrem Farbtyp passen. Damit besitzen Sie ein bis zwei Modelle, die zu allen Ihren Sachen passen, ohne dass Sie sich groß Gedanken darüber machen brauchen!

Achtung: Lederfarben nicht mischen, also in Gürtel, Schuhen und Handtaschen möglichst die gleiche oder ähnliche Farbe verwenden.

Handtasche

Wichtig ist, dass Sie sie in einer Basisfarbe wählen, wenn Sie nicht ständig umräumen möchten. Denn dann passt sie, ohne jegliche Anstrengung, immer zu Gürtel und Schuhen. Ihre Tasche sollte praktisch sein, nicht zu klein, aber auch nicht so, dass man Sie dahinter nicht mehr sieht. Rustikale Schnallen oder aufgesetzte Taschen runden den Look ab. Auch Segeltuchtaschen im Marinestil passen im Sommer gut zu Ihnen.

Ihre Kleidung im Beruf
Wenn Sie hier gediegen und kompetent wirken möchten, aber trotzdem noch Sie selber, tragen Sie folgendes:

Ihre Stoffhose (vom Hosenanzug) eignet sich hervorragend! Kombiniert mit einem schlichten Pullover oder mit Top/T-Shirt und Strickjacke, einer schönen Kette oder einem Schal machen Sie nichts falsch, sondern alles richtig. Der Look ist leger aber gut angezogen.

Klassischer wird es mit einer Bluse, eventuell mit Pullover oder Strickjacke dazu. Noch einen draufsetzen können Sie, wenn Sie nun über ein Top, T-Shirt oder einen Pullover den passenden Blazer tragen – aber damit sind Sie schon recht weit von Ihrem eigentlichen Stil entfernt … Tragen Sie einen fransigen Schal dazu oder eine große Kette, das mildert die Strenge etwas. Für Kundentermine oder Messen ist das allerdings meist der passende Dress.

Es geht aber auch andersrum: eine Jeans (blau oder farbig) und dazu eine Bluse, wenn es wärmer sein muss darüber ein schlichter Pullover oder eine Strickjacke (lang oder kurz). Schön sieht diese Outfit aus, wenn Sie Top, T-Shirt, Pullover oder auch eine Bluse zur Jeans tragen und den Blazer darüber!

Femininer wird es mit Ihrem Cord- oder Jeansrock, dazu ein Pullover mit passendem Schal oder einer Strickjacke.
Natürlich können Sie auch Ihr Kleid im Büro einsetzen: im Sommer pur, im Winter mit einer Strickjacke darüber.
Übrigens: Ziehen Sie doch mal einen Pullover über Ihr Hemdblusenkleid, auch das gibt eine neue Kleidungsvariante.

Ihre Garderobe am Abend
Abends sollten Sie etwas feinere Stoffe wählen, d.h. statt der kuschligen groben Strickjacke ein Modell mit feinerem Strick, bei Pullovern das gleiche. Tragen Sie hier einfach die Stoffhose vom Hosenanzug mit einem Top und einem schönen Gürtel, dazu kombinieren Sie eine lange Kette und eventuell einen Schal.

Kaufen Sie sich noch ein schickeres Oberteil, vielleicht mit Wasserfallausschnitt, das können Sie dann zur Jeans oder auch zu einem Rock tragen.

Das Hemdblusenkleid passt nun toll! Zusammen mit Stiefeln oder Pumps machen Sie hiermit eine super Figur! Noch schicker wird es mit dem A-Linienkleid und langer Kette!

Vielleicht finden Sie eine schöne Weste mit etwas glänzenden Metalldetails, Pailletten oder anderen Verzierungen. Auch die peppt jedes Top und T-Shirt für den Abend auf.

Stilmischungen

Sehr häufig ist die natürlich-feminine Stilmischung. Vielleicht haben Sie eine natürliche Figur, Ihr Test geht aber in Richtung romantischer oder femininer Typ? (3 oder 4)

Oder konnten Sie Ihre Figur nicht einordnen? Keine Sorge, dass kommt häufig vor: Sie haben relativ breite, gerade Schultern, wenig Taille und schlanke Beine – also typisch der natürliche Typ. Allerdings haben Sie auch einen ausgeprägten Busen und einen runden Po und finden Ihre Hüfte auch eher breit – also weibliche Attribute. Dann zeigt Ihre Figur schon eine Stilmischung in sich, die Sie auch immer in der Kleidung suchen werden.

Dieser Stiltyp ist in meinen Beratungen oft anzutreffen. Meistens sind es Kundinnen, die zu mir kommen, weil sie ihre Kleidung zu langweilig finden, zu schlicht, zu wenig elegant. Sie möchten gerne weiblicher wirken und wissen nicht warum und vor allem nicht wie! Grund für diese Unsicherheit ist, dass sie im Moment nur einen ihrer Stile in der Kleidung ausdrücken, nämlich den Natürlichen. Den femininen Part vergessen sie oft oder lassen ihn aus Mangel an Ideen weg.

Da Sie, wenn es Ihnen ähnlich geht, den einen Stil ja schon recht gut beherrschen und sich an den oben beschriebenen natürlichen Stiltyp halten können, geht es bei Ihnen darum, Ihre weibliche Seite wieder zu entdecken. Dabei gehen wir allerdings nicht gleich auf Rosenmuster und Stöckelschuhe – die Details machen es hier aus.

Versuchen Sie Folgendes:

- Mehr auf den Einsatz von Accessoires achten! Wählen Sie hier auch mal einen Schal in Rosa- oder Beerentönen oder Rot, gerne mit kleinen Blumen oder Tupfen, vielleicht mit ein wenig Spitzeneinsatz. Auch Ketten, die etwas zarter und verspielter sind, mit Perlchen und anderen Anhängern, lassen Sie femininer wirken.
- Schminken Sie sich! Wenn Ihr Gesicht weiblich und schön ist, fühlen Sie sich wohler.
- Überdenken Sie Ihre Frisur. Vielleicht können die Haare ein wenig länger sein?
- Tragen Sie öfter mal einen Rock oder ein Kleid, denn was kann weiblicher sein?!
- Wählen Sie bei allen Kleidungsstücken nicht immer die schlichtesten, sondern auch mal welche mit kleinen Rüschen oder anderen Verzierungen, auch wenn es nur ganz wenig sind. Das lässt Sie schicker und femininer aussehen.
- Achten Sie auf Ihre Schuhe! Sind diese zu grob, ist das ganze Outfit eher burschikos als weiblich. Hier feinere, schmalere Modelle wählen, vielleicht auch mal an Absätze wagen.

Je mehr Sie den Wunsch verspüren, weiblicher zu sein und je mehr Ihre Figur Rundungen zeigt, desto mehr können Sie sich Anregungen von den folgenden zwei Stiltypen holen.

Stilmischung natürlich-klassisch

Figur Typ 2, Stiltest Ergebnis 5

Diese Mischung kommt manchmal mit den Jahren Ihres Lebens, also mit Ihrem Alter. Vielleicht haben Sie sich Ihr Leben lang im natürlich-sportlichen Look wohlgefühlt, und plötzlich scheint etwas anders geworden zu sein! Die Töchter merken nun an, dass Sie sich endlich mal was Schickeres kaufen sollen, der Mann schlägt vor, doch mal einen Rock zu tragen und die Freundin zeigt Ihnen im Laden plötzlich Stücke, bei denen Ihnen die Haare zu Berge stehen! Was ist passiert?

Der natürliche und noch mehr der sportliche Stil sind leger, praktisch, bequem. Leider sieht das nicht immer gepflegt aus, und was an jungen Frauen noch locker und nett wirkt, sieht ab einem gewissen Alter plötzlich »schlampig« aus, im Sinne von ungepflegt. Das müssen Sie sich leider bewusst machen und Ihre Garderobe noch mal unter diesem Gesichtspunkt durchforsten. Sie sollten nun darauf achten, dass Sie manche Stücke klassischer wählen, wenn Sie weiterhin ernst genommen werden wollen und Ihr Alter in etwas verwandeln wollen, das es eigentlich ist: immer die Chance, den Moment auszukosten, in dem man sich gerade befindet! Tragen Sie statt weiten Pullovern etwas Schlichtes, Hochwertiges und Figurbetontes, so weit das Ihre Figur zulässt. Da Sie sicherlich schlanke Beine haben, tragen Sie helle Hosen, gerne auch mal mit Muster, die gerade geschnitten und elegant sind. Dazu passt ein Mokassin, ein Schnürhalbschuh oder sogar mal ein Pump mit breitem Absatz.

Blusen in allen Varianten kaschieren Pölsterchen um Bauch und Hüften und sehen gut angezogen aus.

Lange hatten Sie vielleicht ein, höchstens zwei Modelle, jetzt sollten Sie sich anfreunden: Der Blazer sitzt immer gut, macht eine tolle Figur und lässt Sie das sein, was Sie nun sind: eine gestandene Frau in den besten Jahren!

Ein eleganter Pashminaschal rundet Ihren Look ab. Tragen Sie echten, schlichten Schmuck und denken Sie an ein gepflegtes Make-up, auch wenn es nur minimal ist.

Ihr Körperbau ist wie Typ 3 und Ihr Testergebnis ist auch 3.

Der romantische Stil

Dieser Typ ist durch und durch Frau! Und meistens steckt zur Findung dieses Stils eine interessante Geschichte dahinter. Ich habe öfter Kundinnen, die sich sehr unwohl mit ihrem Styling fühlen. Sie kommen sich langweilig vor und spüren, dass etwas fehlt. Oft wissen sie aber nicht, woran das genau liegt und denken, sie müssten einfach anders kombinieren oder »mal was Neues« ausprobieren. Tatsächlich sind sie in einem vollkommen falschen Typ gelandet, meistens sehr sportlich, in vielen Fällen auch, weil sie mit ihrer Figur unzufrieden sind, sich zu rund und zu dick finden und sich eher verstecken wollen. Betrachten wir dann die Figur näher, haben sie einen tollen Busen, eine schmale Taille und schöne, weiche Rundungen – typisch weiblich eben! Mit ihrer Größe und den schönen Beinen kein Modeltyp, aber fraulich; und mit dem richtigen Styling ein absoluter Hingucker!

Manchmal sind diese Kundinnen so weit von ihrem Stil entfernt, dass ich nachhake: woran liegt es, dass sie sich so kleiden? Denn wenn ich ihnen ihren romantischen Look erkläre, leuchten die Augen und sie sagen: »Ja, genau so will ich gekleidet sein, dass ist toll!«

Was also hielt diese Frauen davon ab? Eine erzählte, sie lebe auf dem Land. Immer, wenn sie sich mal weiblicher anzog, sagte die Mutter, so könne sie doch das Haus nicht verlassen! Und die Bewohner des Ortes betrachteten mit Argusaugen – so kam es ihr zumindest vor – wenn sie auffälliger gekleidet war. Das führte dazu, dass sie sich eher in der Kleidung versteckte und nicht mehr »Frau« war.

In anderen Fällen sind diese Frauen mit Brüdern aufgewachsen und Mode war zu Hause eben kein Thema. Auch Familienzeit hemmt diese Frauen, da sie sich nicht trauen, ihre Kinder »gestylt« in den Kindergarten zu bringen.

Oder es ist ganz einfach der Trend der Zeit, der uns Frauen dazu bringt, nicht mehr Rubens' Vorstellungen von einem Vollweib gerecht werden zu dürfen, sondern tough zu sein.

Egal was Frauen dazu bringt, ihre Kurven zu verstecken, es ist wahnsinnig schade! Sollten Sie die Figur des romanistischen Typs haben – herzlichen Glückwunsch! Leben Sie Ihre Kurven richtig aus, dann werden nicht nur die Männer begeistert sein!

Ihr Motto: »Ich darf durch und durch Frau sein!«

Übrigens: Viele Ehemänner wissen es oft instinktiv sogar besser als ihre Frauen! Kundinnen lächeln dann verschämt und erzählen mir, dass ihr Mann sie oft versucht, genau zu dem femininen Kleid zu überreden, das ich ihr gerade gezeigt habe.

Ihre Farben: Romantische Farbkombinationen in Rot, Apricot, Violetttönen und Beerenfarben stehen Ihnen besonders gut, sie sind der Inbegriff von Weiblichkeit, sexy bis mädchenhaft.

Ihre Stoffe: Weiche Stoffe, die fließend Ihre Rundungen betonen, wirken an Ihnen sehr schön: Georgette, Organza, Viskose, Seide und Jersey, Feinstrick, Samt und Spitze. Alle zu steifen Stoffe sehen an Ihnen aus, als würden Sie einen Sack tragen!

Romantische Motive wie Punkte, Tupfen oder Blumenmuster unterstreichen den verspielten Stil. Ihre Accessoires: Verspielte Teile vom Flohmarkt oder antike Erbstücke passen gut zu Ihnen. Auch feminine Schuhe mit vielen Verzierungen und ausgefallene Handtaschen ergänzen Ihren Stil. Gürtel mit besonderen Schnallen, lange Handschuhe oder auffällige Hüte machen aus Ihrer Kleidung den besonderen Hingucker.

Make-up/Haare: Fröhliche Schattierungen in verschiedenen Lidschattenfarben sind denkbar, sowie sinnlich geschminkte Lippen und lange Wimpern. Da Sie sich gerne schminken, machen Sie doch mal einen Kurs mit oder lassen Sie sich von einer Visagistin beraten, um auch die richtigen Techniken einsetzen zu können. Rouge ist zum Beispiel wunderbar für Sie, allerdings nur in der richtigen Farbe und an der richtigen Stelle. Achten Sie aber trotzdem darauf, dass Sie nicht zu tief in den Farbtopf greifen!

Die Haare wirken lockig und wellig besonders schön und auch verspiele Hochsteckfrisuren passen. Wenn Ihre Haare zu dünn sind, ist ein femininer Bob denkbar. Wichtig ist, dass Sie die Haare nicht zu kurz tragen, da Sie damit zu burschikos aussehen und die Frisur nicht mit Ihrem Kleidungsstil harmonieren würde.

Ihr Stil: Wenn Sie es schaffen, Ihren romantischen Stil gekonnt auszubauen, werden Sie künftig noch mehr bewundernde Blicke auf sich ziehen. Ihre Kurven kommen durch fließende Stoffe und taillenbetonte Schnitte wunderbar zur Geltung. Durch Ihre Größe sind auffällige Muster sowie lange Röcke und Kleider möglich. Nur im Berufsleben sollten Sie darauf achten, dass Ihre Kleidung nicht zu mädchenhaft wirkt, sonst werden Sie nicht ernst genommen. Und manchmal ist auch weniger mehr …

Ihre perfekte Garderobe

Grundsätzliche gilt Ihr Motto: Jedes Teil sollte etwas Besonderes sein!

Top

Tragen Sie Tops aus weichem, fließendem Jersey oder Seide. Sie sollten nicht zu eng sein, um nicht abzuzeichnen, aber trotzdem Ihre Taille gut zur Geltung bringen. Und natürlich Ihr Dekolleté! Dafür wählen Sie Tops mit Spitzeneinsätzen, mit Perlen verziertem Ausschnitt oder Rüschen.
Farblich wählen Sie hier die femininen Farben aus Ihrem Typ: Rot, Pink, Rosa, Apricot, Lachs…
Der Schnitt sollte nicht zu kurz sein!
Bei Tops, T-Shirts und Longsleeves brauchen Sie allerdings auch zwei bis drei Teile, die ganz einfach und schlicht sind, um Sie unter auffälligere Jacken, Pullover, Blazer oder Tuniken zu ziehen. Hier eignen sich am besten die Basisfarben.

T-Shirt
»Normale« T-Shirts sind nichts für Sie! Ihre haben tolle Muster, die auch gerne größer sein dürfen, einen Wasserfallausschnitt, Perlen, Pailletten oder Stickereien. Auch hier sollten die Stoffe weich und fließend sein. Farblich wie die Tops.

Longshirt
Blumenmuster und Tupfen machen ein schlichtes Longshirt zu etwas Besonderem! Auch hier eher längere Modelle wählen, die aus fließenden Materialien bestehen.

Bluse

Privat ziehen Sie Blusen wahrscheinlich eher ungerne an – zu Recht: Eine klassische Bluse wirkt an Ihnen sehr steif, die Passform ist oft dabei auch nicht gut. Aber natürlich gibt es auch bei diesem Kleidungsstück einige Abwandlungen, die besser zu Ihrem Stil passen. Gerade im Beruf sollten Sie auf eine ausgewogene Mischung aus klassischen und romantischen Stilelementen achten, um nicht zu spießig und verkleidet auszusehen. Tragen Sie Ihren Businessblazer also mit einer femininen Bluse, ähnlich wie anschließend gezeigt.

Tunika

Auch ein tolles Kleidungsstück für Sie! Dieses luftige Teil versteckt kleinere Problemzonen im Sommer sehr schön, ohne zu warm zu sein. Außerdem gibt es hier viele verspielte Modelle, die zu einer schmalen Hose immer gut angezogen aussehen und auch bei festlichen Anlässen eine gute Figur machen. Achten Sie aber darauf, dass Sie immer unten sehr schmale Schnitte wählen, wenn es oben volumiger ist. Oft ist es auch vorteilhafter, die Weite der Tunika mit einem Gürtel in der Taille etwas zu bändigen, um schlanker zu wirken.

Pullover
Grundsätzlich sind Pullover nicht optimal für Sie, da Sie mehr Busen haben und die Fläche dann etwas wuchtig wirken kann. Wenn Sie Pullover tragen, dann mit tiefem V-Ausschnitt, außergewöhnlichen Ärmeln und verspielten Details. Achten Sie darauf, dass die Pullover keine breiten Bündchen haben, die auf Ihrer breitesten Stelle (Hüfte/Po) enden, dass macht runder.

Kombinieren Sie schlichte Teile mit Schals! Auch Wasserfallausschnitte oder der Carmenausschnitt sind schön.

Strickjacke

Weiche Kaschmirjäckchen, feine Baumwolle, locker fallend und offen getragen passen optimal. Der Ausschnitt und die Knopfleiste strecken optisch. Rüscheneinsätze sind toll. Wenn Sie nicht zu viel Farbe tragen möchten, dann nehmen Sie Strickjacken in Ihren Basisfarben und ein farbiges Top darunter, das macht auch schmaler. Gerne auch längere Modelle.

Hose

Durch Ihre weibliche Figur haben Sie es nicht einfach, Hosen zu finden. Womit sich im Grunde erklärt, warum Frauen über viele Jahrhunderte diese Kleidungsstück nicht getragen haben! Wenn Sie Hosen tragen, achten Sie auf einen geraden Schnitt, so schmal wie möglich und so weit wie nötig. Oft tun Sie sich leichter, wenn Sie Hosen mit Gummibund nehmen. Da Sie sowieso immer etwas längere Oberteile tragen sollten, die über den Po gehen, sieht das keiner!

Um nicht fülliger zu wirken, wählen Sie Ihre Hosen in eher dunklen Basistönen, vielleicht passend zu den Strickjacken.

Für Sie gilt jedoch: je weniger Hosen Sie tragen, desto besser!

Kleid
Kleider sind DAS Kleidungsstück für Sie und sollten Ihren Schrank beherrschen! Sie sind das weiblichste Kleidungsstück überhaupt, betonen Ihre Vorteile optimal und lassen alles andere still und heimlich verschwinden! Ein schöner Ausschnitt, eine schmale Taille (gerne mit Gürtel betont) und dann sanft A-förmig fallend bis zum Knie oder fast bodenlang – und Sie sehen super aus!

Weiches Material, tolle Farben und Muster, im Sommer pur mit zarten Sandalen oder verspielten Ballerinas, im Winter mit kuschliger Strickjacke und Stiefeln, am Abend sexy mit einem hohen Pump.

Rock

Röcke sind schön und feminin. Wenn Sie allerdings doch ein paar Kilos mehr auf die Waage bringen, nicht immer einfach zu tragen. Wählen Sie Schnitte, die oben ganz schmal anliegen und nach unten weiter werden, immer aus weichen, fließenden Stoffen. Die Länge kann knielang aber auch bodenlang sein. Ist der Stoff fester, sollte der Rock eine V-Linie haben, also nach unten schmaler werden. Dazu bitte immer schmale Schuhe, am besten mit etwas Absatz tragen.

Blazer
Bloß nicht zu steif, ist hier die Devise. Aber ein Blazer aus Samt oder einem leicht glänzenden Baumwollstoff sieht immer gut aus. Sie können ihn über Ihren Kleidern tragen, zum Rock oder zur Hose.

Am besten hier Farbe wählen, Sie haben vermutlich keinen Job in der Bank, oder? Auch ein rundes Revers, eine Brosche oder Ansteckblume machen dieses klassische Kleidungsstück zu dem Ihren.

Schuhe

Der Schuh ist ein wichtiger Punkt, um dem ganzen Outfit eine feminin-romantische Note geben zu können! Wählen Sie hier auf jeden Fall verspielte Modelle – sie lassen auch eine schlichte Jeans an Ihnen toll aussehen!

Accessoires
Das ist Ihre Welt! Denn ohne den Schmuck von Kette und Co. sind Ihre Outfits unfertig. Leben Sie sich also aus, und tragen Sie Schmuck nach Herzenslust.

Eine Grundregel sollten Sie allerdings beherzigen: Da Ihre Accessoires alle verspielt und auffällig sein dürfen, müssen Sie sie ausgewogen einsetzen. Entscheiden Sie sich also bei Ihrem Styling, ob Sie den Fokus auf die Ohrringe oder die Kette legen wollen – beides in großer Form ist oft zu viel. Oder Sie tragen einen breiten Gürtel mit toller Schnalle oder mit Steinen besetzt – dann reicht es, wenn Sie schöne Ohrringe tragen, eine Kette wäre zu viel des Guten.

Kette
Wahrscheinlich haben Sie eine ganze Sammlung, oder?! Das ist gut so, denn Ketten werten jedes Outfit auf. Welche Art Sie tragen, ist Ihnen überlassen, nur zu schlicht und unauffällig sollten sie nicht sein! Mehrreihige Perlen oder Bettelketten passen besonders schön. Greifen Sie eher zu Modeschmuck, der ist meist fantasievoller und verspielter als die Ware beim Juwelier.

Ohrringe
Seien Sie auch hier ruhig mutig, denn große Ohrringe, die schwingen und glitzern, gehören zu einer echten Romantikerin einfach dazu!

Tipp: Farblich passen Sie die Ohrringe an Ihre Kleidung an! Tragen Sie zum Beispiel ein blaues Top, dann nehmen Ohrringe diese Farbe schön auf. Oder Sie passen die Accessoires aneinander an: zu einem eher neutralen Outfit vielleicht einen roten Gürtel, eine rote Handtasche und rote Ohrringe!

Armreif
Ob viele schmale oder ein oder mehrere breite Reifen, schmücken Sie nackte Arme mit diesem tollen Accessoire! Egal, ob aus Metall, mit Strasssteinen besetzt oder aus Perlen, dieser Schmuck macht was her. Schön ist es auch, wenn sich Elemente aus Ohrringen, Kette und Armreifen wiederholen.

Schals und Tücher
Sie sind eine tolle Möglichkeit, auch schlichten Outfits eine romantische Note zu verleihen. Wenn Sie sich in schlichteren Teilen wohler fühlen oder es auch im Beruf ein wenig schlicher sein muss, ist ein femininer Schal oder ein zartes Tuch perfekt.

Ihre Schals und Tücher sollten verspielte Muster, zarte Stoffe und weibliche Farben haben. Auch Stickereien, Pailletten und aufgenähte Blüten sind schön und geben Ihren Outfits ein mädchenhaftes Aussehen.

Gürtel

Für Sie sind breite Gürtel ein Muss, denn Sie haben eine wunderschöne, ausgeprägte Taille, die Sie betonen sollten! Gerade wenn Sie eine luftige Tunika tragen, die etwas weiter fällt, zeigen Sie mit einem Gürtel in der Taille, wie schmal Sie darunter eigentlich sind. Auch über langen Pullovern oder Tops ist ein Gürtel ein schöner Hingucker. Natürlich dürfen Ihre Gürtel weiblich sein, also Lack, Farbe, Steine oder eine besondere Schnalle enthalten.

Handtasche

Es ist sicherlich auch für Sie ratsam, ein oder zwei gute Taschen in Ihrer Basisfarbe zu haben, da diese immer gepflegt aussehen und zu allem passen. Ansonsten bietet es sich aber bei Ihnen auch an, die Tasche als farblichen Akzent zu nutzen und die restlichen Accessoires, wie schon bei den Ohrringen beschrieben, daran anzupassen.
Schön ist es auch bei Ihren Handtaschen, wenn diese eine aufgenähte Lederblume haben, eine weiche Optik und verspielte Schnallen. Auch Flohmarkartikel aus Großmutters Zeiten geben Ihrem Look die »Prinzessinnen-Note«.

Ihr Outfit im Beruf
Je nachdem, was Sie beruflich machen, können Sie Ihre romantische Seite mehr oder weniger auch zeigen. Wichtig ist es für Sie zu wissen, wie ein Styling auf die Umgebung wirkt. Im Alltag und bei festlichen Veranstaltungen sehen Sie feminin gekleidet gut aus und können sich sehen lassen. In manchen beruflichen Situationen, wie zum Beispiel dem Bewerbungsgespräch oder dem Termin beim Chef, ist das pinke Blumenkleid kein Outfit, das Ihnen auf Anhieb Respekt einbringt! Wählen Sie hier Ihren Blazer und eine weichfallende Hose oder den Blazer über einem Kleid; wenn Sie sich nicht im Formal Business oder bei der Bank bewerben, sind Sie damit gut gekleidet.

Ihr Outfit am Abend
Ich denke, wenn Sie in Ihren romantischen Stil hineingefunden haben, fällt es Ihnen nicht schwer, sich herauszuputzen! Chiffon, Seide, Satin und Samt sind tolle Begleiter für den Abend und unterstreichen Ihren Look in Kleid, Blazer oder einfach nur als breiter Schal. Auch Pailletten auf Top, Rock oder als ganzes Kleid sehen toll aus, allerdings ist das nichts, was schlank macht!

Stilmischungen

Beim romantischen Stil gibt es eher weniger Mischungen mit anderen Stilen, denn diese Figur ist ganz eindeutig weiblich. Wenn Sie in Ihrem Test einige Buchstaben im sportlichen oder natürlichen Bereich haben (1 oder 2), bedeutet das, dass Sie entweder sich noch nicht ganz trauen, romantisch gekleidet zu sein, und diesen Stil mit Hilfe der genannten Tipps nun ausbauen können. Oder Sie reduzieren die genannten Kleidungsstücke in ihrer romantischen Dominanz und kombinieren eine Rüschenbluse zur Jeans, eine verspielte Strickjacke zu einem schlichten Top oder arbeiten eher mit romantischen Accessoires zum Look des natürlichen Stils. Romantik können Sie in Details zeigen: in tollen Ohrringen und sonst keinem Schmuck. In einer Blüte am Blazer, sonst ganz schlicht. In verspielten Schuhen, die ein Schleifchen oder eine Blüte haben oder einer tollen Tasche.

Wenn Sie fast gleichbleibend oder sogar sehr viel 6 angekreuzt haben, also der dramatische Stil Ihnen gefällt, können Sie weitgehend im romantischen Look bleiben, da dieser kein Stil ist, der nicht auffällt. Lesen Sie den dramatischen Stil gerne mal durch, viele Teile ähneln sich, z.B. in leuchtenden Farben oder großen Mustern. Allerdings sollten Ihre Stoffe nicht so steif sein wie beim dramatischen Typ und die Farbunterbrechungen nicht so extrem, denn beides unterstreicht Ihre Figur nicht so optimal.

Ihr Körperbau ist wie Typ 4 und Ihr Testergebnis ist auch 4.

Der feminine Stil

Der feminine Typ gehört, ähnlich wie der natürliche Typ, zu den gemäßigten Stiltypen, die auch Grundtyp genannt werden können. Der feminine Typ tritt allein aber auch in Kombination mit ein oder zwei anderen Stilen auf. Viele Frauen, die etwas kleiner sind (um die 1,60 - 1,65 m) haben die feminine Figur. Das heißt aber nicht, dass Sie in Ihrem Stiltest auch zu den Frauen gehören, die zart und zerbrechlich sind. In meiner Ausbildung hieß dieser Typ, angelehnt an die Figur immer »feminin-zarter Typ«. Das gefiel mir schnell nicht mehr, denn einige Kundinnen fühlten sich, angesichts einiger Pfunde mehr, mit dieser Bezeichnung nicht wohl. Auch ich bin der feminine Typ: klein, schmal und weiblich gebaut. Im Körperbau bin ich vielleicht zart, im Stiltest käme das bei mir allerdings nie heraus! Meine Stilmischung ist feminin-klassisch-dramatisch, also auch das ist möglich. Wie Sie das hinbekommen, erkläre ich bei den Mischungen gleich genauer.

Ihr Motto: Feminin aber zart!

Wenn Sie sich in Ihrem Körperbau (auch wenn Sie nicht ganz so schlank sind wie in der Zeichnung) im femininen Stil wiederfinden, dann passen Sie in den Grundlagen Ihrer Kleidung auch optimal hinein.

Ihre Farben: Helle, leuchtende Farben aus Ihrer Farbpalette stehen Ihnen sehr gut, da diese optisch größer machen. Das bedeutet aber nicht, dass man sich daran immer halten muss.

Ihre Stoffe: Weiche Stoffe, die Ihren Körper zart unterstreichen betonen Ihre jugendliche Art: merzerisierte Baumwolle, Crêpe de Chine, Chiffon, Feinstrick, Jersey, Samt, Seide, zarte Wollstoffe und Viskose.

Die Muster: Die Musterung sollte eher schlicht sein, zarte, kleine Blumendekors und ineinanderfließende Muster, kleine Punkte und dünne Streifen erschlagen Sie nicht optisch.

Ihre Accessoires: Ihr Schmuck sollte klein und verspielt sein. Wählen Sie schmale, spitze Schuhe, das streckt. Auch Gürtel und Taschen sollten nicht zu wuchtig sein.

Make-up/Haare: Glanzeffekte und ein feines, gekonntes Make-up runden Ihren Typ perfekt ab. Ihre Haare können einen pfiffigen Kurzhaarschnitt haben oder einen kinnlangen Bob. Wichtig ist, dass Ihr Haarvolumen zu Ihrer Körpergröße harmoniert, die Haare sollten nicht extrem lang und volumig sein.

Ihr Stil: Obwohl Sie klein und zierlich sind, können Sie mit einigen pfiffigen Tricks für Aufsehen sorgen. Entscheidend ist, dass Sie Ihren Stil überzeugend verkörpern und Ihre Garderobe geschickt und kreativ kombinieren. Dabei sollten Sie nicht vergessen, dass Sie mit Ihrem femininen Körper sich auch weiblich kleiden.

Top
Feine Baumwolltops aber auch Tops aus Viskose oder Seide passen gut zu Ihnen. Wenn Sie schlank sind, dürfen diese auch sehr körpernah geschnitten sein. Ihre Träger sollten nicht zu breit sein, gerne können Sie auch Spaghettiträger nehmen. Farblich wählen Sie Ihre Tops in den Basistönen aber auch vielen freundlichen Tönen aus Ihrem Farbtyp. Auch feine Querstreifen, Blümchen oder Punkte sind schön. Wenn Sie möchten, machen zarte Spitzenborten im Ausschnitt das Top noch femininer.

T-Shirt
Für T-Shirts gilt ähnliches wie für die Tops in Material, Farbe und Muster. Auch Ihre T-Shirts sind figurnah, nicht zu lang und auch nicht unbedingt zu schlicht: zarte Perlchen am Ausschnitt, etwas Spitze, kleine Pailletten machen das Shirt zu einem schicken Kleidungsstück.

Longshirt
Auch hier nehmen Sie figurnahe Stücke in schönen Farben, die Sie unter Pullover und Kleider ziehen können, wenn es kälter wird. Wenn Sie ein schmales Gesicht haben, stehen Ihnen auch Rollkragenpullover aus zartem Jersey gut, die Sie optimal als Unterzieher kombinieren können.

Pullover
Kurze, enge Pullover mit Rundausschnitt stehen Ihnen gut, sie sollten aber nicht zu schlicht sein oder wenn doch, mit Schal oder Kette getragen werden. Auch hier können Sie nach netten Details Ausschau halten wie einer Schleife am Kragen oder anderen Verzierungen.

Lange Pullover sind seit einiger Zeit »in«. Wenn Sie schlank sind, können Sie das natürlich mit einer sehr schmalen Hose, eventuell Röhre, gerne tragen. Allerdings verkürzen lange Oberteile immer optisch die Beine und lassen Sie kleiner wirken. Tragen Sie den Pullover mit zartem Gürtel oder, wenn es ein weites Modell ist, bei schlanken Beinen mit Leggins.

Strickjacke
Feinstrickjacken sind eine optimale Basis für Sie, am besten in kurzen, zarten Schnitten. Diese Jäckchen können Sie in verschiedenen Farben wählen oder, wenn Ihre Tops schon bunt sind, einfach in Ihren Basisfarben. Schauen Sie, das die Strickjacken nette Knöpfe haben, eine farblich abgesetzte schmale Borte, aufgenähte Perlen, Täschchen mit Schleife und Ähnliches.

Wenn Sie lange Strickjacken mögen, tragen Sie diese offen, dann sieht man Ihre Beine oder, wenn Sie bis Mitte Oberschenkel geht, mit einer schönen Leggins.

Bluse
Klassische Blusen stehen Ihnen nicht so gut, sie sind von Stoff und Art zu steif. Wählen Sie hier zarte Modelle aus Seide, Viskose oder Chiffon, die, sollten sie ein wenig durchsichtig sein, mit einem Top darunter getragen werden können. Auch feine Baumwolle mit einem femininen Muster wie Blümchen oder Punkte oder sehr feine Streifen sind schön. Wenn Sie längere Modelle tragen möchten, fassen Sie es mit einem zarten Gürtel zusammen und tragen Sie eine Röhrenhose dazu. Wenn Blusen keinen Kragen haben, wirken Sie auch gleich weniger steif. Möchten Sie aber doch eine »normale« Bluse tragen, sollte diese durch eine freundliche Farbe, ein weibliches Muster oder zarte Biesen und Rüschen aufgelockert sein.

Hose

Wenn Sie schlank sind, können Sie gut schmale Hosen tragen, die Sie sicherlich oft kürzen müssen. Die Hosen sollten nicht zu weit sein, denn darin gehen Sie »unter«! Wenn Sie um die Hüften herum runder gebaut sind, sollte die Hose allerdings nach unten nicht zu eng werden, da die Hüften dann noch breiter wirken. Vielleicht stehen Ihnen in diesem Fall auch Kleider und Röcke besser.

Bügelfalten machen ein langes, schmales Bein, Stoffhosen aus mittelfester Baumwolle sind optimal für Sie. Wenn Sie eine finden, die von der Länge her passt, geht auch eine schmale 7/8 Hose im Sommer. Vermeiden Sie große Aufschläge, Marlenehosen (sehr weit) oder viele Bundfalten, denn alle diese Hosenarten sind zu wuchtig und lassen Ihre Beine kürzer wirken.

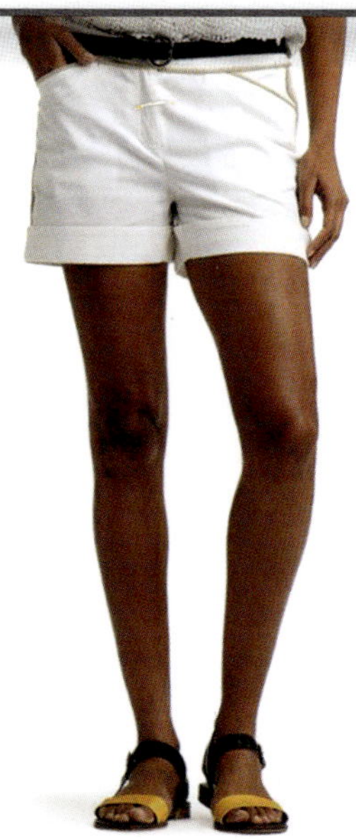

Kleid

In Kleidern wirken Sie feminin und hübsch! Sie unterstreichen Ihre zarte oder auch kurvigere Figur ohne zu sehr abzuzeichnen. Ihnen stehen A-Linienkleider, Kleider mit Empire-Linie, H-Linienkleider und Etuikleider, also alles, was schmal geschnitten ist und nicht länger als knielang ist. Wählen Sie zarte Chiffonstoffe, weichen Jersey oder edle Seide, die Sie auch im Winter spannend mit einer gröberen Strickjacke oder einem Blazer tragen können.

Rock

Röcke stehen Ihnen gut. Kaufen Sie schmale Teile, die gerne auch die italienische Länge haben können, also eine Hand über dem Knie. Wenn Ihnen das zu kurz ist, dann Kniemitte, bitte auf keinen Fall länger! Es könnte sein, dass Sie in den Läden nach der Schneiderin rufen müssen, denn ein zu langer Rock verschiebt Ihre Proportionen so ungünstig, dass Sie gedrungen und unschön aussehen.

Klassische, schmale Röcke oder auch schwingende, feine Sommerröcke aus Chiffon und Seide stehen Ihnen gut.

Blazer
Blazer in einer kurzen, taillierten Form stehen Ihnen gut. Wenn Sie den Blazer eher für Familienfeste oder Abendveranstaltungen nutzen wollen, nehmen Sie helle, freundliche Farben, das macht den Look nicht so steif. Möchten Sie allerdings ernst genommen werden und den Blazer auch beruflich einsetzen, dann kaufen Sie ihn in den Basisfarben. Schön ist es, wenn der Blazer auch feminin ist mit abgerundeten Revers und Saum, aus weichem Material, vielleicht mit etwas Glanz im Stoff.

Super sind für Sie Couturejäckchen! Die geraden Blazerjacken sind kurz, in verschiedenen Materialien, Farben und Stoffen und sehen schick und sexy aus. Kombiniert zu Hose oder Kleid sehen sie festlich und gut angezogen aus, aber nicht so formell wie im Blazer.

Schuhe

Die Schuhe werden von vielen Frauen in ihrer Wirkung unterschätzt! Wenn Sie sich nicht sicher sind, welcher Schuh besser aussieht zum Outfit, ziehen Sie doch mal an jeden Fuß einen anderen und vergleichen sie im Spiegel. Auch je nachdem, wie das gesamte Styling wirken soll, ist die Wahl der Schuhe oft von Bedeutung: schlicht und edel im Job, sportlich für die Freizeit oder sexy am Abend – es ist manchmal nur der Schuh, den Sie wechseln müssen!

Wichtig ist, dass Ihre Schuhe nicht zu klobig sind. Zarte, schmale Formen sind ideal, denn um so spitzer der Schuh ist, um so länger und schlanker wird Ihr Bein. Auch wenn es sicherlich nicht immer hochhackige Pumps sein müssen, macht etwas Absatz den Gang eleganter und die Figur gestreckter. Kleider und vor allem Röcke benötigen einen zarten Schuh, damit das Outfit nicht gedrungen wirkt.

Accessoires
Sie sind ein Typ, der gerne Schmuck trägt, richtig? Super! Denn wie schon häufig erwähnt, wertet das Ihre Outfits auf. Wichtig ist, dass Sie auch hier Ihre Proportionen beachten, wenn Sie keine bewussten Akzente mit einem auffälligen Stück setzen wollen. Achten Sie bitte immer darauf, dass die Metallfarben Ihrer Accessoires zusammenpassen.

Kette
Feine, zarte Modelle sehen an Ihnen besonders schön aus, am besten in Ihrer Metallfarbe, mit kleinen Glasperlen oder feinen Metallblättchen. Auch mehrere, dünne Perlenstränge oder zarte Gliederketten mit Anhänger sind schön.

Ring
Kleine, schmale Ringe passen zu Ihren Händen am besten und lassen Ihre Finger länger wirken.

Ohrringe
Wenn Sie ein kleines Gesicht haben und sich zart und feminin kleiden, richten Sie auch den Ohrschmuck danach aus. Perlen und feiner Modeschmuck, aber auch echte Stücke stehen Ihnen gut.

Armreif
Nicht zu klobige Modelle wählen! Zarte Metallreifen, die mit einer Schleife zusammengehalten werden oder feine Perlenringe sind sehr schön.

Schals und Tücher

Sie mögen Tücher, wenn Sie ein femininer Typ sind! Tücher und Schals sind toll für Sie, um den Outfits den letzten Schliff zu geben oder eine freundliche Farbe als Akzent am Gesicht zu tragen. Tragen Sie feine Wolle oder Baumwolle, gerne mal Blumenmuster, Tupfen oder verspielte, grafische Formen. Spitzeneinsätze, kleine Troddeln oder aufgenähte Blüten machen aus jedem Schal ein feminines Accessoire.

Im Sommer sind zarte Chiffonschals oder dünne Seidenschnüre toll, um nackte Schultern zu bedecken und angezogener zu wirken.

Auch wenn es toll wärmt: wenn Sie den Schal oder das Tuch innen als Schmuck tragen, sind sehr breite Modelle, mehrfach um den Hals gewickelt, nicht ideal für Sie! Auch Karo und steife Baumwolle sieht zu sportlich aus.

Gürtel
Als kleine Frau passen feine Modelle gut zu Ihrer Figur, mit denen Sie Ihre schöne Taille betonen und Kleider, Strickjacken, Pullover, Tops und T-Shirts verschönern können. Wählen Sie für teurere Modelle eine Basisfarbe, die zu Ihren Schuhen passt. Schön ist es aber auch, wenn Sie farbige Gürtel tragen, die sich zum Beispiel in den Schuhen wiederfinden. Auch die Schnallen der Gürtel sollten nicht zu wuchtig sein. Wenn Sie das Gefühl haben, Gürtel machen Sie breiter oder Sie möchten ein breiteres Modell tragen und sind sich unsicher, ob Sie das nicht kleiner wirken lässt, dann nehmen Sie einfach eine Farbe in der Farbe Ihres Oberteils.

Tasche

Ich weiß, wir Frauen brauchen immer unglaublich viel Platz in den Taschen und tragen am liebsten ganze Säcke mit uns herum! Wenn Sie es irgendwie schaffen, sich auf weniger zu beschränken, ist das allerdings von Vorteil, da eine kleinere oder mittlere Größe harmonischer zu Ihrer Körpergröße passt. Dünne Riemen und filigrane Designs machen auch aus einem größeren Modell eine perfekte Handtasche für Sie.

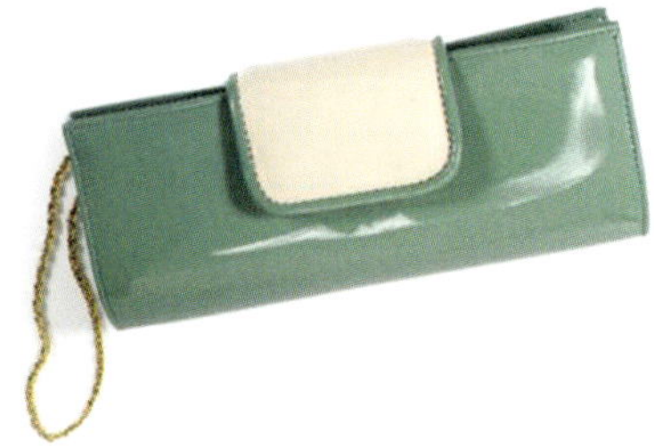

Farblich rate ich auch Ihnen zu ein bis zwei guten Basismodellen für den Alltag und Taschen für den Abend. Nehmen Sie hier eine feine Clutch, das sieht toll aus. Wenn Sie Taschen sehr gerne haben, kaufen Sie Tasche und Schuhe farblich aufeinander abgestimmt – das ist stilvoll!

Outfit im Beruf
Mit Ihrer zierlichen Figur sehen Sie in Hosenanzügen oder Kostümen toll aus. Wichtig ist es hier, dass Sie auf schmale, kurze und taillierte Formen beim Blazer achten. Wenn Ihnen der Blazer mal zu steif ist, tragen Sie einfach ein kurzes Couturejäckchen – das sieht schick und feminin aus.

Auch die passende Hose muss unbedingt sehr schmal geschnitten sein, hier ist es manchmal nicht ganz einfach, im klassischen Bereich etwas zu finden, da die »normalen« Stoffhosen zu weit geschnitten für Sie sind. Schauen Sie hier eher bei der jungen Mode, da sind schmale Schnitte häufiger zu finden. Bügelfalten sind toll und machen ein langes Bein.

Bei Kostümen achten Sie bitte unbedingt darauf, den Rock recht kurz zu wählen. Wenn Sie schöne Beine und Knie haben, gerne bis eine Hand breit über dem Knie, dazu schmale Schuhe mit Absatz. Das lässt Sie größer aussehen und verlängert die Beine optisch.

Wenn Sie weniger formell auf der Arbeit erscheinen möchten, kombinieren Sie ein figurbetontes Twinset zu Rock oder Stoffhose, oder ein Seidentop unter dem Blazer. Oder einfach kurzes Strickjäckchen, Seidentop und Rock oder Hose.

Auch sehr schön ist die Kombination Blazer und Kleid: mit einem Jerseykleid ist es legerer, mit einem Etuikleid schick und elegant.

Vermeiden sollten Sie steife Blusen zu klassischen Stücken, das lässt Sie älter und langweilig aussehen! Wenn Sie Blusen tragen, dann immer etwas Feminines, wie oben beschrieben.

Hosenanzug und Kostüm sind beide gut geeignet, da sie eine wichtige Regel erfüllen: Ton-in-Ton-Kombinationen machen Sie optisch größer!

Ihr Outfit am Abend
Sie gehören zu den Frauen, die sich gerne schick machen – und das können Sie bei festlichen Anlässen oder bei Abendveranstaltungen!
Hier sind schicke Tops aus Seide oder Satin mit kleinen Rüschen und Raffungen, aber auch mit Perlen oder kleinen Pailletten zur engen Jeans oder Stoffhose schick. Am besten aber Sie tragen kurze Kleider, die Ihre schlanken Beine zeigen. Natürlich gehören zu allen Looks hohe Schuhe und schöne Schmuckstücke. Auch bei Haaren und Make-up können Sie hier, passend zu Ihrem femininen Typ, ein wenig mehr machen.

Der feminine Stil ist Grundlage verschiedener Stilmischungen, einfach aus dem Grund, weil der feminine Stil eben die typisch weibliche Figur zur Grundlage hat. Doch nicht alle Frauen, die eine weiblich-runde Silhouette haben und 1,60 bis 1,65 m groß sind, fühlen sich in zarten Stoffen, hellen Farben und filigranen Schmuckstücken wohl. Manchmal bedeutet der feminine Stil in der Figur nur, dass sich die anderen Stile daran orientieren und nicht zu extrem sind.

Stilmischung feminin-natürlich

Figur Typ 4, Testergebnis 2

Diese Stilmischung ist, wie ich schon beim natürlichen Stil beschrieben habe, ein recht häufiger Stiltyp. Bei Frauen mit einer femininen Figur überwiegt der weibliche Stil, also feminine Muster und Stoffe passen gut zur Figur, auch Röcke und Kleider tragen Sie in diesem Fall gerne. Allerdings ist Ihnen der feminine Stil oft ein bisschen zu stylisch und Sie tendieren eher zum natürlichen Look. Wichtig ist bei dieser Stilmischung, dass Sie immer dran denken, dass Sie eben eine typisch feminine Figur haben: grobe Stoffe, zu weite Kleidung und große, kantige Muster sehen an Ihnen verkleidet aus und lassen Sie darunter verschwinden.

Tragen Sie also Baumwolle, Strick, Jeans oder feinen Cord, aber figurbetonte Schnitte, gerade Röcke und legere Kleider. Mischen Sie die Kleiderbeispiele des natürlichen und des femininen Stils und wählen Sie die Stücke so aus, dass Sie sich wohlfühlen, aber noch weiblich gekleidet sind. Oft sind es auch Muster und vor allem die Accessoires, die ausschlaggebend sind, ein Outfit in eine bestimmte Richtung zu lenken. Tragen Sie also ein eher natürliches Outfit, dann kombinieren Sie ein zartes Tuch wie oben beschrieben dazu, tragen zarten Schmuck und ein hübsches Make-up. Auch die Schuhe machen die Musik: einen hohen Pump zu Jeans und T-Shirt machen Ihr Outfit sexy und weiblich, ein hübscher Ballerina die gleiche Kombination eher mädchenhaft.

Stilmischung feminin-klassisch

Figur Typ 4, Testergebnis 5

Auch dieser Stil ist häufig, vor allem dann, wenn Sie den klassischen Stil beruflich brauchen oder mögen. Denn ein Blazer, ein Etuikleid oder auch gleich ein Hosenanzug oder Kostüm ist unbestritten ein Look, der immer gepflegt und professionell aussieht. Gerade als eher kleine Frau rate ich Ihnen zu einem Outfit, dass auch äußerlich unterstreicht, was Sie können. So werden Sie ernst genommen und das auf den ersten Blick! Wichtig bei dieser Stilmischung ist, dass der klassische Stil eben weiblich bleibt und nicht zu steif wird. Blusen mit Streifen oder Karos aus fester Baumwolle, der zeitlose Blazer bis über den Po und die Anzughose mit dem klassisch weitem Bein genauso wie der Bleistiftrock bis Mitte der Wade sind Kleidungsstücke, die zwar an sich zeitlos-klassisch sind, Sie aber alles andere als gut aussehen lassen! Sie gehen in diesen Kleidungsstücken praktisch unter und sehen dadurch noch kleiner und zierlicher aus, was gerade im geschäftlichen Bereich nicht unbedingt ein Vorteil sein muss. Achten Sie also auf figurbetonte, schmale und kurze Schnitte, die Ihre Figur ins beste Licht rücken und auch wirklich passen. Außerdem rate ich Ihnen dazu, den klassischen Look etwas zu durchbrechen, in dem Sie mal ein hübsches Top statt der Bluse tragen oder einfach mal ein
A-Linien Kleid statt dem Etuikleid zum Blazer.

Was Ihre Klassik auszeichnet ist die Liebe zu den Basisfarben und die Schlichtheit in Schnitt und Muster. Die verspielte, fast mädchenhafte Art des rein femininen Stils ist nicht Ihr Ding, Sie mögen es strenger und korrekter. Das sollten Sie auch in Make-up und vor allem der Frisur zum Ausdruck bringen, die beide eher im klassischen Stil zu finden sind.

Stilmischung feminin-dramatisch

Figur Typ 4, Testergebnis 6

Auch diese Mischung gibt es natürlich, und das gar nicht so selten. Sie kennen bestimmt den Spruch: »klein aber oho«!? Genau, denn nicht alle kleinen Frauen sind automatisch der mädchenhafte Typ. Und gerade kleine Frauen habe oft eine ganze Menge Power – und die können Sie nach außen sehr schön mit dem dramatischen Look ausdrücken.

Konkret kann das bedeuten:
Figur betonen: Sie können, bei schlanker Figur, gerne Bein zeigen und Röcke und Kleider kürzer wählen. Oberteile sind eng und auf Taille geschnitten. Ein Gürtel, dramatisch auch ein breiter, betont Ihre ausgeprägte Taille. Schmale Hosen und kurze Jacken zeigen stilvoll Ihre Figur.

Stoffe: Dramatische Akzente setzten Sie, indem Sie Stoffe einsetzen, die auffallen und den Look trendy machen. Wie wäre es mit einer engen Lederhose zu Bluse und Blazer? Oder zu einem weiten Strickpullover? Das Ganze mit einem Lederrock sieht ebenfalls gut aus. Auch schimmernde Verzierungen wie Kleider und Oberteile mit Pailletten bedeckt oder mit eingewebten Lurexfäden sind schlicht kombiniert am Tag und natürlich am Abend ein Hingucker. Sehr schön sind auch schimmernde Stoffe wie Taft oder Satin, die gerade als kastige Jacke oder Blazer immer feminin, festlich aber nie gewöhnlich aussehen.

Muster: Insgesamt ist Muster nicht das optimale Ausdrucksmittel für Sie, da es schnell zu viel werden kann. Etwas Leoprint in Schals und Tüchern, aber auch mal in einem Kleidungsstück ist allerdings immer wieder Trend und auch für Sie gut einzusetzen. Wenn Sie den Leo-Look »billig« empfinden, versuchen Sie es doch einfach mal mit dem Muster in untypischen Farben, also statt Braun-Schwarz in Weiß-Schwarz oder in allen anderen Tönen wie Pink, Rot, Grün, Blau … Sieht gleich ganz anderes aus!

Farbe: klar, wer mit Pink oder in leuchtendem Rot in den Raum kommt fällt heute zwischen all dem Schwarz und Grau auf jeden Fall auf. Setzen Sie dieses Element einfach mal bewusst ein, je nachdem, wie mutig Sie sind und wo Sie sich bewegen. Das kann eine Hose in einer Knallfarbe sein, ein Blazer in leuchtendem Rot, Pink, Orange oder Gelb, bunte Strickjacken oder einfach nur ein Top in einer auffälligen Farbe. Wenn das auch zu viel ist, dann ein Schal, der leuchtet und Ihren Typ unterstreicht. Übersehen tut man Sie damit dann nicht so leicht!

Accessoires: das Stilmittel schlechthin! Denn damit können Sie, ohne Ihre Kleidung zu modisch oder gar »preiswert« erscheinen zu lassen, den gewissen Pepp in Ihr Outfit bringen! Das ist auch dann ideal, wenn Sie sich gerne feminin-klassisch kleiden, manchmal aber zu steif oder langweilig darin fühlen. Ein einzelner, großer Ring, eine auffällige Kette, große Ohrringe oder klirrende Armreifen machen auch einen Nadelstreifenblazer zu einem trendigen Look. Genauso können Sie mit einer auffälligen, extravaganten Tasche arbeiten, mit breiten Gürteln über Oberteilen oder Kleidern oder gar mit einem Hut.

Schuhe: ja, es gibt diese klassische Regel, dass die Absätze nicht zu hoch sein sollten. Richtig, mit 13 cm und Glitzerpumps sehen Sie im Büro vielleicht nicht so überzeugend aus. Aber hohe Absätze bei Schuhen sind auch etwas, dass viele Frauen einfach lieben: der Gang ist gerader, das Bein länger, das Becken wiegt sich weiblicher. Wenn Sie zu diesen Frauen à la Carrie Bradshaw gehören – dann setzen Sie dieses Stilmittel ein! Ein hoher Schuh in einer tollen Farbe oder mit besonderen Details sieht auch zur Jeans super aus.

Ihr Körperbau ist wie Typ 5 und Ihr Testergebnis ist auch 5.

Der klassische Stil

Es gibt heute wenige richtige Ladys. Das Straßenbild wird heute maßgeblich von Jeans und Turnschuhen geprägt, sehr vielen Frauen ist es wichtiger, bequem als elegant angezogen zu sein. Dem klassischen Outfit begegnen wir heute zumeist nur im beruflichen Bereich. Hosenanzug und Kostüm sind die Uniform im geschäftlichen Umfeld; es sieht angezogen und gepflegt aus, strahlt Kompetenz und Vertrauen aus. In Gesprächen mit Geschäftsfrauen höre ich allerdings oft, dass gerade diese Uniform alles andere als beliebt bei vielen Frauen ist. Sie fühlen sich langweilig und steif darin. Und wenn es für die Männer im Beruf kaum eine Frage ist, jeden Morgen in den Anzug, Hemd und Krawatte zu schlüpfen, begehen Frauen oft eine Menge Anstrengung, irgendwie an diesen klassischen Kleidungsstücken vorbeizukommen.

Dabei ist nicht nur das Image von Blazer, Stoffhose und Etuikleid exzellent, auch ihre Passform ist es! Die Materialien sind meist hochwertig, die Verarbeitung exakt, die Passform optimal. Sie machen schlanker und größer, formen Rundungen weiblich aber dezent. Es gibt also wenig, was dagegen spricht – was Ihnen als Klassikerin wahrscheinlich nichts Neues ist. Leben Sie Ihren stilvollen, zeitlosen Look aus und werden Sie so zum Beispiel von gepflegter Eleganz.

Ihr Motto: »Klasse statt Masse«.

Sie brauchen keine 13 Kollektionen pro Jahr, denn Ihre Garderobe ist zeitlos und gut kombinierbar. Sie machen sich um fragwürdige Trends keine Gedanken, da Sie sowieso nicht mit jedem Trend gehen. Und egal mit welchem Anlass man Sie überrascht, Sie sind immer stilgerecht angezogen.

Wenn Sie noch nicht ganz so sattelfest im klassischen Stil sind, dann halten Sie sich an die folgenden Tipps zum Aufbau einer Garderobe, die so manchen Trend überlebt.

Ihre Farben: Sie lieben die traditionellen Farben wie Weiß, Schwarz, Braun, Marine und Grau. Damit die zeitlosen Farben nicht zu langweilig werden, können Sie mit Unterziehern oder Schmuckstücken entsprechende Akzente setzen.

Ihre Stoffe: Hier ist Qualität gefragt! Cool Wool, Feinstrick, Flanell, Gabardine, Kaschmir, Popeline, Seide und Viskose in klassischen Musterungen wie Glencheck, Pepita, Hahnentritt oder kleinen Karos, schmalen Streifen und Punkten wirken edel.

Ihre Accessoires: Sie sollten edel und von guter Qualität sein. Eine Perlenkette und eine gute, schlichte Uhr passen zu Ihnen. Hochwertige Schuhe und Taschen sowie Halstücher und Schals runden das Bild ab.

Make-up/Haare: Ihr Make-up ist unaufdringlich und gepflegt, ein zartes Rouge betont Ihre Wangen, den Lidschatten halten Sie neutral in Beige und Grautönen. Schön ist ein dezenter Lippenstift. Auch die Frisur ist Teil des Stils: glatte Haare mit einem exakten Schnitt passen zu Ihrem Erscheinungsbild, ein trendiger Stufenschnitt und bunte Strähnchen sind zwar modern, aber zu wild und unstrukturiert für die Klassikerin.

Ihr Stil: Als »Grace-Kelly-Typ« sollten Sie Ihre Garderobe entsprechend ausbauen: Nach dem Motto »Qualität statt Quantität« rate ich Ihnen zu hochwertigen, zeitlosen Modellen und einer guten Passform.

Top

Ihre Tops sind hochwertig und fein, am besten aus Seide. Wenn Sie mögen, bietet sich auch ein Body an. Die Träger sind fein, vielleicht mit zarte Spitzeneinsätzen. Farblich sollten Ihre Tops einmal in Ihren Basisfarben, aber auch in den besten Farben aus Ihrem Farbtyp sein.

Shirt
Auch bei den T-Shirts geht es um Qualität in den Stoffen, also Seide, feine Baumwolle, Viskose oder Mischungen. Die T-Shirts sind figurnah aber nicht hauteng und schlicht, mit einem rund oder V-Ausschnitt. Auch T-Shirts sind als Body möglich. Farben wie bei den Tops.

Longshirt/Rolli
Dieses Kleidungsstück werden Sie weniger tragen, Sie ersetzen es eher durch Blusen. Ein schlichter Rollkragenpullover aus Kaschmir ist aber an kalten Tagen sehr angenehm. Achten Sie hierbei auch darauf, dass die Qualität so gut ist, dass die Oberteile ihre Form und Farbe behalten und eine feine Struktur haben. Auch ein Body sitzt perfekt und kann die Grundlage eines Outfits bilden.

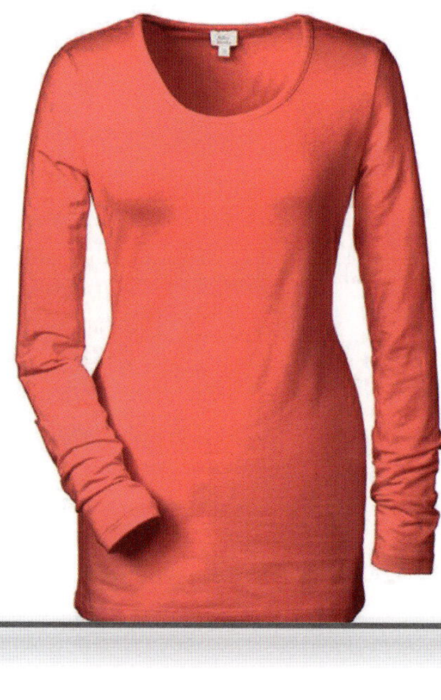

Bluse

Die Bluse ist Ihr Kleidungsstück! Niemand trägt eine schlichte, unifarbene Bluse so selbstverständlich wie Sie und fühlt sich dabei auch wohl. Kaufen Sie sich Blusen in Ihren Lieblingsfarben aus Ihrem Farbtyp, die Ihnen auch besonders gut stehen. Diese können Sie dann zu Hose und Rock tragen, unter einem Etuikleid, unter Pullovern oder Strickjacken. Schimmernde Baumwolle oder Seide, auch mal mit sehr feinen Streifen oder kleinen Karos passen gut.

Pullover

Edle Strickstoffe aus Wolle, Kaschmir und Mischungen mit Baumwolle, mit figurbetontem Schnitt und schlichter Art passen gut. Am besten kaufen Sie Ihre Pullover in Ihren Basisfarben.

Strickjacke/Cardigan
Für Ihre Strickjacken, gerne als Twinset, gilt das gleiche wie bei den Pullovern: gutes Material, schlichter Schnitt, kurz oder auch länger. Gerne auch ein Muster wie zarte Punkte oder schmale Streifen.

Hose

Die beste Hosenart ist für Sie die klassische Stoffhose, wie man sie beim Hosenanzug trägt, aus weichem Stoff, mit Bügelfalte, eventuell auch mit Aufschlag. Sie sitzt gut, mit geradem Bein und sieht immer angezogen und elegant aus. Jeans ist nicht ideal für Sie, außer Sie brauchen natürlich eine feste Hose für Freizeit oder Sport. Wenn Sie Jeans kaufen und tragen, dann am besten dunkel und durchgefärbt, in schmaler Passform. Auch festere Baumwollhosen mit schmalem Schnitt und Bügelfalte, wenn Sie sehr schlank sind auch mit Bundfalten, sind eine schöne Hosenvariante zur Jeans. Im Sommer sind 7/8 Hosen mit Bügelfalte zu schlichten Ballerinas, Pumps und Mokassins sehr schön.

Farblich wählen Sie Ihre Hosen in Ihren Basisfarben, damit sie zu allem passen, wenn Sie möchten, auch mal etwas gemustert.

Rock

Röcke sind eine tolle, weibliche Alternative zur Hose und sollten in Ihrer Garderobe nicht zu kurz kommen! Ideal für Sie ist ein schmaler, v-förmiger Schnitt in Knielänge oder höchstens eine Hand über dem Knie. Diese Rockform macht eine schmale Silhouette und schlanke Beine. Dazu tragen Sie alle Ihre Oberteile, die Blusen bitte immer in den Rock gesteckt, kürzere Oberteile auch mal darüber. Kombiniert mit Ihren Blazer ist das Outfit schick, mit Strickjacke oder Pullover weiblich, elegant aber legerer. Farblich gehen Sie in den Basisfarben auf Nummer sicher, aber auch ein farbiger oder gemusterter Rock sieht gerade im Sommer hübsch aus.

Wenn Ihnen dieser Rock an heißen Tagen zu steif sein sollte, wählen Sie einen Seidenrock, der eine leichte A-Form hat und sanft das Knie umspielt. Auch bei festlichen Anlässen wie Hochzeiten oder Geburtstagen ist das eine feminine Alternative, die nicht so förmlich wirkt.

Kleid

Ihr Kleid ist das Etuikleid! Ein Kleid, das zeitlos schick und absolut variabel im Einsatz ist! Es formt die Figur wunderbar, ist figurnah geschnitten und knielang. Mal hat es einen runden Ausschnitt, mal einen v-förmigen (Gesichtsform beachten!), mit passendem Gürtel oder mit einem schmalen Gürtel aus Ihrem Schrank ergänzt. Überlegen Sie sich, was Ihnen lieber ist: ein unifarbenes Kleid, zu dem alle Jacken, auch gemusterte, passen. Oder, wenn Sie eher einfarbige Jacken haben, auch mal ein farbiges oder gemustertes Etuikleid. Und natürlich das »kleine Schwarze«, das auch in diesen Bereich gehört und seit vielen Jahrzenten der Klassiker für den Abend ist.

Wenn Ihnen als Herbst- und vor allen als Frühlingstyp Schwarz allerdings so gar nicht steht, überlegen Sie, wie Sie damit umgehen wollen! Denn gerade am Abend sollten Sie strahlen!

Die Möglichkeiten sind:

- Sie tragen ein Seidentuch in einer tollen Farbe dazu, das auch die nackten Schultern schön bedeckt.
- Sie tragen viel Schmuck (Kollier) in Gold am Gesicht.
- Schminken Sie sich nicht zu dezent in Ihren Farben.
- Wählen Sie einen relativ weiten Ausschnitt, dann ist das Schwarz nicht zu nah am Gesicht.
- Das künstliche, gelbliche Licht hilft auch mit, Sie nicht zu blass wirken zu lassen.

Blazer

Der Blazer ist Ihr zentrales Kleidungsstück! Er sitzt gut, formt die Figur, macht schlank, passt zu jeder Gelegenheit, sieht immer elegant und angezogen aus, passt im Sommer wie Winter zu jeder Garderobe – um einige Vorzüge aufzuzählen. Schaffen Sie sich also einen Grundstock Blazer an: in den Basisfarben, aber auch gemustert in rustikalem Karo, gestreift, gepunktet, mit Paisley oder den klassischen Mustern Hahnentritt und Pepita. Die Muster sind in Ihren typgerechten Farben und lassen sich dadurch mit all Ihren Tops, T-Shirts und Blusen schön kombinieren. Auch in den Stoffen können Sie hier variieren: im Winter mit wolliger Optik, im Sommer seidig glänzend. Sollten Sie Lust auf einen angezogenen, aber etwas bequemeren Look haben, sind auch Blazerjacken aus Jerseystoff oder Walk eine schöne Alternative. Achtung: Zu grob sollten Ihre Blazer allerdings nicht sein! Cord oder Jeans passen nicht zu Ihrem eleganten Auftreten.

Mantel/Jacke

Hier gehört natürlich ganz eindeutig der Trenchcoat hin, ein Klassiker, den man sich nicht mehr wegdenken kann. In einer gut kombinierbaren Basisfarbe passt er zu all Ihren Sachen und ist ein treuer Begleiter von Frühling bis Herbst.

Im Winter brauchen Sie einen schlichten, knielangen, einreihigen Wollmantel in Schwarz, Grau oder Braun, der sich Ihrer Kleidung anpasst.

Schuhe

Auch hier gilt: in den dunklen Basisfarben, schlicht und elegant, hochwertige Optik.

Accessoires

Wichtig ist bei Ihnen, wie anfangs schon erwähnt, dass der Schmuck schlicht und hochwertig ist, am besten vom Juwelier. Da es nicht zu Ihrem klassischen Auftreten passt, sich vollzuhängen und den Schmuck häufig zu wechseln, lohnen sich diese Anschaffungen. Wichtig ist auch, dass Ihr Schmuck zusammenpasst. Natürlich mischen Sie nicht die Metallfarben und achten darauf, dass alle Schmuckstücke die gleiche Fassung haben. Entscheiden Sie sich für eine Metallfarbe, nämlich die, die zu Ihrem Farbtyp gehört: Silber oder Gold.

Kaufen Sie Ihren Schmuck am besten im Set: Ohrringe, Kette, Armband, vielleicht noch den passenden Ring dazu. Das ist edel und stilvoll. Die einzelnen Stücke sind unaufdringlich aber filigran und wertig. Perlen in allen Varianten sind eine optimale, feminine Grundlage.

Natürlich gibt es bei den jüngeren Klassikerinnen Frauen, denen dieser Schmuck auch mal zu altbacken ist. Das ist natürlich auch in Ordnung: schauen Sie sich im Modeschmuck mal um, auch hier gibt es Stücke, die wertig aussehen aber etwas jünger in ihrer Art gemacht sind. Wem die Perlenkette zu spießig an sich ist (meiner Meinung nach liegt es nicht an der Kette, wie ich erst kürzlich in einer Modezeitschrift gelesen habe, die dieses Schmuckstück für »tot« erklärten, sondern an der Trägerin. Nicht zu jeder Frau und jedem Alter passt die schlichte, kurze Perlenkette), der trägt einfach eine lange, vielleicht auch zweimal um den Hals gelegt. Auch ein Anhänger an der langen Perlenkette ist modischer. Schauen Sie einfach, wie Sie sich damit fühlen – es gibt Frauen, die sehen aus, als wären Sie mit einer Perlenkette am Hals geboren!

Uhr

Ein wichtiges Accessoire für Sie ist die Uhr. Sie passt zu Ihrem anderen Schmuck und ist hochwertig, schmal und schlicht.

Schals und Tücher

Auch bei Ihnen sind diese zwei Accessoires nicht wegzudenken und verschönern jedes Outfit. Aber sie müssen natürlich zu Ihrem Stiltyp und Ihrer Garderobe passen, sonst ziehen Sie sie nie an. Oft erlebe ich, wie Mengen von Schals und Tüchern in den Schubladen verstauben – gehen wir diese dann durch, passt weniger als die Hälfte zu Farb- und Stiltyp! Da Sie hochwertige Materialien kaufen und hier vielleicht auch mal mehr Geld ausgeben als einer der anderen Stile, ist es umso wichtiger, dass Sie genau prüfen, was Sie kaufen!

Passt die Farbe perfekt zu Ihrem Typ? Denn dieses gute Stück ist direkt unter Ihrem Gesicht und entscheidet darüber, ob Sie gesund und frisch oder krank und fahl wirken.

Passt das Material? Nehmen Sie zarte Wollstoffe oder Kaschmir im Winter, um zu wärmen, als Schmuckstück macht sich Seide gut am Hals.

Passt das Muster und die Art? Weder ausgefranste Baumwolltücher noch bunte Blumenmuster passen wirklich gut. Wählen Sie auch hier die klassischen Muster und achten Sie auf schlichte Wertigkeit.

Gürtel
Ihre Gürtel sind zart und elegant und passen sich dem Outfit an. Ein Gürtel sollte bei Ihnen nie zu sehr auffallen, er ist zeitlos und passt farblich zu all Ihren Sachen im Schrank, zu den Schuhen und der Handtasche. Tragen Sie immer einen Gürtel, wenn man die Gürtelschlaufen der Hose sieht, aber auch gerne über Strickjäckchen und Pullovern, um diese edel aussehen zu lassen.

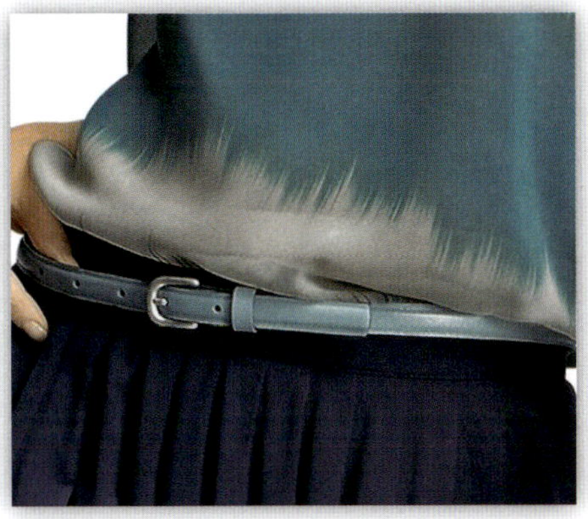

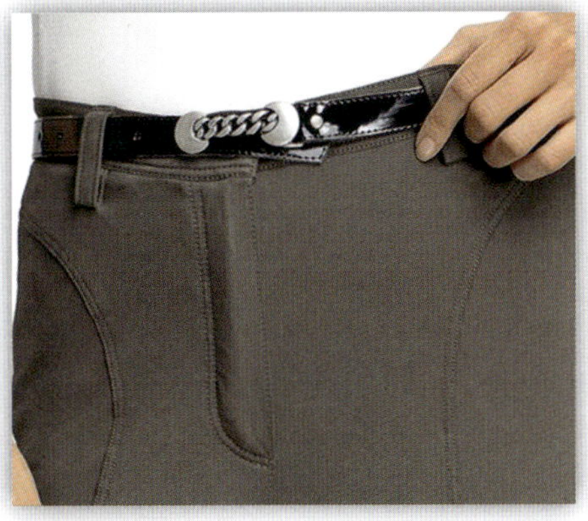

Tasche

Sie brauchen keine Taschensammlung, im Grunde reicht Ihnen eine hochwertige Handtasche aus Leder in Ihrer zentralen Basisfarbe. Das ist beim Wintertyp Schwarz, beim Sommertyp Grau, beim Herbsttyp Dunkelbraun und beim Frühlingstyp ein helleres Braun.

Die Tasche ist geradlinig, mit schlichten Schnallen und kurzen Trägern, glatt oder in Krokooptik. Sie hat einige Fächer, die Ordnung geben, damit Sie immer alles Griffbereit haben. Schön ist es, wenn auch der Geldbeutel zur Tasche passt.

Stilmischungen

Der klassische Stil ist eine Ergänzung vieler Stile, da er beruflich, festlich oder aufgrund des Alters oft gebraucht wird.

Beruflich ist der klassische Stil so etwas wie die Uniform des Business: Sie sehen darin kompetent und vertrauenswürdig aus. In vielen Berufen, gerade in den besser bezahlten, ist ein klassisches Styling Pflicht.

Festliche Anlässe sind meistens elegant und schick, und das bewirkt die Klassik. Ein Blazer zu Kleid oder Rock, aber auch zu Hose macht immer mehr aus einem Kleidungsstück und verhilft ihm zu einem »Upgrade«.

Klassik ab einem gewissen Alter bedeutet für mich nicht, dass Sie nun herumlaufen wie »Trudchen«, verstaubt und langweilig. Es bedeutet aber für einige Stile, dass sie in ihrem Grundstyling weniger leger werden und einige klassische Teile in ihrer Garderobe aufnehmen. Ein zu sportlicher Look kann, und das letztendlich schon ab dem Ende der Studentenzeit, sehr ungepflegt bis lächerlich wirken! Denken Sie mal an eine Frau, die mit Mitte 40 oder älter mit Kapuzenpulli und Jeans durch die Stadt läuft. Ich möchte hier niemandem zu nahe treten, ich möchte nur, dass Sie ganz bewusst die Wirkung Ihrer Outfits unter die Lupe nehmen. Umso älter Sie werden, umso gepflegter sollte auch Ihre Kleidung sein.

Stilmischung klassisch-sportlich

Figur Typ 5, Testergebnis 1

Dieser Typ sind Sie, wenn Sie figürlich in den klassischen Stil gehören, sich aber eigentlich in Hosen (Sie haben viele Jeans im Schrank) viel wohler fühlen, den Blazer zwar mögen, ihn aber selten anziehen. Sie merken, dass Ihnen in Ihrem Look etwas fehlt und sind auf der Suche nach mehr Eleganz, es fällt Ihnen aber oft schwer, das umzusetzen. Meistens gehören Sie auch zu den Frauen, die einen klassischen Look in Ihrem Beruf benötigen.

Bei Ihnen ist es wichtig, dass Sie sich klar machen, dass Sie im Grunde, also in der Figur, ein klassischer Typ sind! Wenn Ihre Kleidung zu sportlich-freizeitlich wird, sehen Sie unordentlich aus und fallen dadurch negativ auf. Kombinieren Sie Ihre sportlichen Stücke wie Jeans zu Bluse und/oder Blazer, tragen Sie ein Hemdblusenkleid statt des Etuikleids, aber mit schicker Kette und einem Blazer darüber. Krempeln Sie ruhig mal die Ärmel des Blazers hoch, das macht es lockerer, dazu eine schlichte, weite Bluse und die Boyfriendjeans. Denken Sie an Accessoires und lassen Sie Ihre Schuhe nicht zu sportlich werden – denn die entscheiden oft über Gedeih und Verderben des ganzen Outfits! Sie kombinieren den Hosenanzug immer mit T-Shirt oder schlichtem Top statt mit der Bluse und tragen einen Jeansrock im klassischen Schnitt zum Blazer. Bedeutet: Kombinieren Sie immer ein sportliches Teil mit einem klassischen, dann verbinden Sie diese zwei Stile optimal.

Klassisch-romantisch/feminin

Figur Typ 5, Testergebnis 3 oder 4

Bei dieser Stilmischung sind Sie figürlich der klassische Typ, aber mit etwas weicheren Körperformen, also in Richtung des femininen oder romantischen Typs. Das kann dann der Fall sein, wenn Sie sich nicht ganz sicher sind, ob Sie eher in den klassischen Stil gehören oder doch schon in den romantischen, vielleicht weil Sie eine recht weiblich ausgeprägte Brust haben.

Sie kleiden sich klassisch-elegant, aber auch feminin, setzen also immer mal wieder etwas verspieltere Kleidungsstücke ein. Das kann ein Seidenkleid zum Blazer sein, eine Strickjacke, die verspielte Details wie zarte Borten oder Taschen hat, oder eine Bluse mit Blumenmuster ... Röcke, Tops und andere Oberteile sind bei Ihnen nicht nur klassisch streng, sondern mit Rüschen, fließenden Stoffen oder zarten Verzierungen.

Feminine Klassik

Die feminine Klassik ist ein Ergänzungsstil für den romantischen, den femininen und den natürlichen Stil. Ihn brauchen Sie im Beruf, bei Bewerbungen und bei allen festlichen Anlässen. Denn hier brauchen Sie ein Outfit, das Sie entweder seriös und kompetent oder eben elegant und schick aussehen lässt. Und das erreichen Sie mit dem viel benannten Blazer, aber auch mit der klassischen Stoffhose, einem schmalen Rock oder dem Etuikleid. Da Sie aber vielleicht zu den Typen gehören, die sich darin schnell steif und alt vorkommen, ist es wichtig, dass Sie die einzelnen Kleidungsstücke entweder ganz klassisch-schlicht wählen und dann leger oder feminin kombinieren, oder in Material, Muster und Schnitt Ihren Stil unterbringen. Das kann ein Blazer mit rundem Revers und abgerundeten Säumen sein, mit floralem Muster, mit glänzernder Oberfläche, mit besonderen Knöpfen, mit Verzierungen oder einem Bindegürtel. Eine schöne Variante ist auch die beim femininen Stil beschriebene Couturejacke, die weiblich schick aber nicht steif wirkt. Auch bei Etuikleidern gibt es Modelle aus weicherem Stoff, aus Seide, mit floralem Muster, mit verspieltem Gürtel oder Stoffraffungen, die immer schick aber eben weiblicher aussehen. Auch mit den Schuhen können Sie Ihr Outfit weiblicher gestalten, in dem Sie zu einem klassischen Anzug oder Kostüm Pumps in z.B. Rot, mit Schleifen oder Blumen und höherem Absatz tragen. Oder Sie kombinieren ein zartes Seidentop zum strengen Blazer.

Stilmischung klassisch-dramatisch

Figur Typ 5, Testergebnis 6

Ein interessanter und spannender Stilmix ist klassische Eleganz mit einem Hauch Dramatik. Dieser Stil kommt zu Stande, wenn Sie eine klassische Figur haben, Ihre Persönlichkeit allerdings nach etwas mehr Aufsehen verlangt. Der Mix ist ideal, wenn Sie eine Führungsstelle in einem jungen Unternehmen, in der Werbung oder Mode haben, bei der es Ihnen wichtig ist, kompetent aber trendy gekleidet zu sein. Oder wenn Sie einfach eine Frau sind, die viel in der Öffentlichkeit steht, ein elegantes Styling möchte aber dennoch gerne modische Akzente setzt.

Im Grunde ist Ihr Stil weiterhin wie oben beschrieben, aber Sie mischen ihn mit extravaganten Details. Das kann ein kurzes, außergewöhnliches Kleid sein, eine durchsichtige Bluse, eine Röhrenjeans zum Blazer, ein Top mit Animalprint … und natürlich sind es die Accessoires, die den dramatischen Stil mit einbringen: ein großer, besonderer Ring, eine auffällige Designerkette, große Ohrringe, viele Armreifen, ein auffallendes Tuch, hohe, vielleicht farbige Schuhe, eine extravagante Tasche. Setzen Sie diese Highlights aber sparsam ein, und lassen Sie die einzelnen Stücke wirken – ein »Zuviel« wirkt billig und zerstört Ihren ansonsten edlen Auftritt. Wenn Sie das Geld ausgeben können, sind Designerläden für Sie ideal, da Sie dort hohe Qualität mit einem auffallenden Aussehen bekommen. Lesen Sie doch mal den folgenden, dramatischen Stil und lassen Sie sich zu dem ein oder anderen Kleidungsstück inspirieren.

Ihr Körperbau ist wie Typ 6 und Ihr Testergebnis ist auch 6.

Der dramatische Stil

Wenn Sie figürlich in diesen Stil fallen, haben Sie einen Stil, der wirklich außergewöhnlich und nicht so häufig zu finden ist. Sie haben ja schon einen Figur, die man nicht so leicht übersehen kann – und das sollten Sie auch mit Ihrer Kleidung unterstreichen. In meiner Beratung begegnet mir nicht allzu häufig dieser Typ in seiner klassischen Form – schade eigentlich, hier ist das Styling wirklich sehr spannend. Wenn Kundinnen in den dramatischen Stil passen, dann ist ihnen das oft gar nicht bewusst. Sie ziehen sich eher unauffällig an, fühlen sich aber langweilig und fad. Das liegt ganz klar daran, dass sie einen Stil haben, der sich in der Mode nur so ausleben kann und das bis jetzt nicht tun. Eine Beratung ist mir ganz besonders in Erinnerung geblieben: Die Kundin war figürlich ganz klar der dramatische Typ, angezogen war sie jedoch mit Pullover und Jeans. Als wir das Make-up durchgingen (das lag vor der Stilanalyse) kam mir plötzlich der Gedanke, den knallroten Lippenstift auszuprobieren. Ich kann Ihnen heute gar nicht mehr sagen warum, da ich bei der Make-up Beratung sehr darauf achte, dass Make-up schlicht und dezent zu halten, wenn die Kundin sich bisher nie geschminkt hat, wie es in dieser Beratung der Fall war. Die Idee der knallroten Lippen kam mir also auf die Gefahr hin, dass sie sich diesen sofort wieder von den Lippen wischen würde. Doch umso größer war ihr und mein Erstaunen, als wir das Ergebnis gemeinsam im Spiegel betrachtet: die roten Lippen sahen aus, als hätte sie noch nie etwas anderes getragen! Weniger erstaunlich wurde dieses Schminkerlebnis dann durch die Stilanalyse: dramatischer Stil! Und auch die restliche Entdeckungsreise in einen spannenden, kreativen Stil war überraschend harmonisch für die Kundin, die vorher nie wusste, wie sie sich kleiden sollte.

Es gibt also zwei Arten von Dramatikerinnen: diejenigen, die es meistens schon wissen und ihren Stil voller Hingabe ausleben; und diejenigen, die vielleicht immer ahnten, dass »langweilig« und sie nicht zusammen passen, aber nie so genau wussten, wie das in der Kleidung umzusetzen ist. Für Sie sind nun die folgenden Tipps. Seien Sie mutig – es ist ein wunderbarer Stil, der aber nicht dafür geeignet ist, sich zu verstecken!

Ihr Motto: »Mut zum großen Auftritt!«

Ihre Farben: Sie lieben es aufzufallen, und das auch mit kräftigen Farben. Achten Sie allerdings darauf, dass es für Ihren Gegenüber auch noch in Ordnung ist. Die Kombinationsfrage stellen Sie sich nicht und gehen unbekümmert die neuen Color-Blocking-Trends mit: Pink und Orange, Rot und Grün, Gelb und Blau …

Ihre Stoffe: Fließende Materialien sind genauso möglich wie steife Textilen, Brokat, Crêpe Georgette, Duchesse, Organza, Satin, Taft, Samt und Leder. Auch die Musterungen können Sie auffallend kombinieren und wild mixen.

Ihre Accessoires: Markanter, extravaganter Schmuck und eine kreative Kombination von Schuhen, Taschen und Gürteln zeichnen Ihren Look aus.

Make-up/Haare: Achten Sie auf einen klaren, modischen Schnitt, ob lang oder kurz ist egal. Auch neue Trendfrisuren können Sie gerne ausprobieren, oder auch mal mit Farben spielen.

Natürlich können Sie auch Ihr Make-up sehr trendig und auffallend gestalten, passend ist zum Beispiel ein langer Lidstrich.

Ihr Stil: Mit Ihrer Vorliebe für avantgardistische Modelle sind Sie die Lieblingskundin der Designer! Extreme, asymmetrische Schnitte stehen Ihnen ausgezeichnet. Die Y-Linie ist für Sie ideal, die Schultern und die Taille werden betont, dazu eine enge Leggins oder einen engen Rock. In der Modewelt sind Sie zu Hause und setzten so manchen neuen Trend. Sie fallen gerne auf und stehen immer im Mittelpunkt. Beachten Sie aber bitte immer trotz aller Extravaganz, dass Sie noch stilvoll gekleidet sind, da Ihr Outfit sonst schnell billig wirken kann.

Da alle Kleidungsstücke bei Ihnen etwas Besonderes haben sollten, rate ich dennoch, ein bis zwei Teile in schlichter Form im Schrank zu haben. Bei aller Kreativität in Ihren Outfits ist es auch manchmal gut, etwas schlichter aufzutreten und weniger aufzufallen. Auch die Kombination vom schlichten Teil mit einem sehr auffälligen ist sehr reizvoll. Und eine sehr zurückhaltende Eleganz mit einem besonderen Stück, wie zum Beispiel ein extravaganter Schuh zu einem ganz schlichten einfarbigen Kleid, sieht sensationell aus!

Top

Sie tragen kein schlichtes Trägertop, denn das wäre wirklich nicht nach Ihrem Geschmack. Schon Ihre Unterzieher sind etwas Besonderes: Spitze im Ausschnitt, ein Wasserfallkragen, Rüschen, Glitzer, ein auffälliges Muster. Farblich gerne bunt, aber in Ihren typgerechten Farben. Die Längen können Sie variieren, da Sie groß sind, stehen Ihnen auch Longtops sehr gut, die auch als Minikleid zur Leggins getragen werden können oder die unter anderen Teilen hervorschauen.

T-Shirt

Für Ihre T-Shirts gilt ähnliches. Ein überweites, schulterfreies Shirt ist genauso spannend zu kombinieren, wie ein figurnah geschnittenes mit tiefem Ausschnitt. Auch hier können leuchtende Farben und Muster einen schlichten Schnitt aufpeppen.

Longshirt

Da Longshirt meistens zum Unterziehen unter Pullover oder Kleider sind, sollten Sie diese etwas schlichter halten. Natürlich sind hier große Muster möglich, Rüschen an den Ärmeln, überlange Schnitte.

Pullover
Überlange Pullover, grobe Maschen, Lederapplikationen, ein tolles Strickmuster, breite, farbige Streifen, Fledermausärmel, kastige Formen, tiefe Ausschnitte machen einen dramatischen Pullover aus. Oder aber einen ganz schlichten engen Longpullover, geschmückt mit einem breiten Gürtel mit konträrer Farbe oder auffälliger Schnalle.

Strickjacke
Hier richten Sie sich bitte nach dem, was ich bei den Pullovern geschrieben habe. Möglich sind aber auch große Knöpfe, abgesetzte Reißverschlüsse und bodenlange Modelle. Oder Sie tragen einen Cardigan aus Chiffon zum Etuikleid – ein tolles Outfit für Theater oder Vernissagen. Zur Jeans wird es dann zum Ausgehoutfit!

Bluse
Sie sehen in einer weiten Herrenhemdbluse genauso schick aus wie in einem romantischen Rüschenmodell. Wenn Sie klassisch-schlichte Blusen tragen, vergessen Sie nicht, sie wieder mit einem tollen Accessoire oder einem extravaganten Blazer aufzulockern. Blusen aus Seide oder Satin aber auch leicht durchsichtige Modelle aus Chiffon und ähnlichen Stoffen sehen toll zum Rock aber auch zur Jeans aus.

Hose

Sie haben keine Figurprobleme und lange Beine; daher stehen Ihnen die verschiedensten Hosenformen zur Verfügung. Weite Marlenehosen zu super schmalem Oberteil sind ebenso schön wie eine schmale Röhre, die sehr ausfällig aus Leder sein kann. 7/8 Hosen bis zur Hotpants (bitte aber nur in Freizeit oder beim Ausgehen) sind im Sommer toll, um Ihre langen Beine zur Geltung zu bringen. Verschiedene Materialien und auch Muster können Spannung in Ihre Hosen bringen.

Rock
Auch Röcke von mini bis maxi, von eng bis weit sind möglich. Denken Sie hier an die Proportionen: unten weit – oben eng und andersherum. Auch hier ist Materialmix spannend, zum Beispiel ein Lederrock mit grobmaschigem Pullover dazu. Oder aber ein Seidenrock mit einem groben Oberteil.

Kleid

Kleider stehen, vor allem in den letzten Jahren, in den verschiedensten Modellen der modischen Frau zur Verfügung. Welche Kleider Sie tragen, ist letztendlich egal, denn ob kurz oder lang, sie stehen Ihnen (fast) alle. Wichtig ist jedoch, wie und wann Sie es tragen! Das zarte, helle Sommerkleidchen sieht an Ihnen unter Umständen langweilig bis komisch aus – versuchen Sie aber mal eine schwarze, rockige Lederjacke darüber! Das Etuikleid wirkt an Ihnen schnell spießig – mit einem breiten Lackgürtel und gewagten Schuhen in einer Knallfarbe sieht das Ganze schon anders aus.

Versuchen Sie auch mal lange Kleider: ein schlichtes langes Schlauchkleid, mit einem einzigen, tollen Schmuck aufgepeppt bringt Ihre Kurven zur Geltung und sieht edel aus. Oder aber im Sommer ein wallendes Kleid im Hippie-Style, mit viel Schmuck und einer Jeansjacke.

Blazer

Blazer stehen Ihnen gut und betonen Ihre ohnehin breiten Schultern. Wählen Sie hier lange Modelle, entweder ganz klassisch oder im klassischen Schnitt aber mit extravagantem Look: Brokatstoff, große, klassische Muster wie Hahnentritt oder Pepita, aus Leder, mit großen Knöpfen oder zweireihig im Marinelook. Auch in Ihrem Stil machen Blazer die angezogene Wirkung aus und sind im beruflichen Bereich nicht wegzudenken. Wenn Sie in einer eher kreativen Branche arbeiten, nimmt ein etwas außergewöhnliches Modell, sonst schlicht kombiniert, die Strenge und Steifheit aus der Klassik.

Mantel/Jacke
Hier können Sie sammeln! Denn Ihre Jacken können maßgelblich die Richtung Ihres Looks bestimmen. Eine rockige Lederjacke mit Nieten und Fransen macht jede Hose punkig und jedes Kleid trendy, eine Jeansjacke wirkt leger bis Vintage, ein Gehrock elegant und modisch, ein Mantel aus Brokatstoff macht die Jeans zum Abendoutfit…

Auch lange Mäntel stehen Ihnen, gerne uniformartig mit doppelreihigen Knöpfen. Oder Sie wählen eine große Kragenform, die wie ein Schal eingesetzt werden kann, peppen schlichte Mäntel mit breiten Gürteln auf oder nehmen gleich eine Farbe, die aus der schwarzen Maße der Wintermäntel heraussticht. Gehen Sie mit den neusten Trends – oder aber bewusst dagegen, dann fügen sich auch Jacken und Mäntel harmonisch in Ihr wildes Kleidungskonzept!

Schuhe
Die meisten Frauen lieben Schuhe. Wenn es Ihnen auch so geht, dann können Sie hier Ihre Sammelleidenschaft ausleben! Denn Schuhe wirken maßgeblich auf Ihre Kleidung, je nachdem, welche Wirkung Sie zu welchem Anlass erreichen möchten. Und natürlich müssen auch Ihre Schuhe nicht gerade von der Stange sein und lösen bei anderen Frauen meist ein: »Toll! Aber drauf könnte ich nieeee laufen!« aus. Sie schon, wahrscheinlich können Sie auch auf Ihren Highheels joggen, oder?

Setzen Sie also Schuhe in den verschiedensten Formen und Varianten, Farben und Materialien ein, mal flach, mal extrem hoch, und beobachten Sie, was es mit Ihrer Kleidung tut. Bitte aber auch hier immer auf den Anlass und Ihre Wirkung achten, damit Sie stilvoll angezogen sind.

Accessoires

Sie haben in Ihrem Stil eine ganz wichtige Funktion! Denn je nachdem, wie stark Sie Ihren Stil ausleben, können die Accessoires die Richtung bestimmen. Wenn Sie beim Durchlesen des dramatischen Stils das Gefühl haben, dass Ihnen dieser Look trotz Testergebnis zu extrem und fremd ist, muss das nicht heißen, dass Sie falsch in Ihren Testantworten lagen! Der Stil ist da, nur vielleicht nicht in seiner reinen Form, je nach Anlass stärker oder schwächer, manche Kombination finden Sie doch toll an sich, mit einer anderen würden Sie sich nie auf die Straße wagen…

Die Accessoires sind eine wunderbare Möglichkeit, bei einer starken Neigung zum dramatischen Stil seine Outfits sportlich, feminin oder klassisch zu tragen – aber mit dem gewissen Etwas! Denn mit besonderen Schmuckstücken, einem außergewöhnlichen Schal, einem tollen Gürtel oder den Schuhen, um die Sie jede Frau beneidet, können einfache Kleidungskombinationen zu einem Gesamtkunstwerk werden.

Arbeiten Sie also bewusst mit Ihren Accessoires! Setzen Sie sie ein, um Legeres schick, Grobes feminin oder Steifes locker zu machen; oder aber, um den Eindruck eines Looks noch mehr zu verstärken!

Schmuck

Sie mögen Schmuck?! Das sollten Sie auch! Modeschmuckläden schießen wie Pilze aus dem Boden, jede Boutique führt die passenden Schmuckstücke, und auf Märkten und in kleinen Läden finden Sie Designerschmuck, den sonst niemand hat. Nehmen Sie immer die Schmuckstücke, die anders sind und Ihnen versprechen, Sie zu etwas Besonderem zu machen. Ob echt oder unecht, das bleibt Ihnen überlassen. Auch Metallfarben dürfen Sie mixen, wenn Sie fit darin sind und es trotzdem nicht unüberlegt wirkt. Arbeiten Sie mit großen Stücken, oder mixen Sie die Größen. Hauptsache, Ihr Schmuck ist nicht zart und schlicht – es sei denn, Sie haben sich auch dabei etwas gedacht und ihn an den Rest der Kleidung optimal angepasst.
All das gilt für Ketten, Ringe und Armreifen gleichermaßen.

Kette
Ihre Ketten können lang oder kurz sein, oder Sie tragen beide Längen auf einmal. Ein großer Anhänger an zartem Band, riesige Perlen oder einfach nur Metall sieht zum schicken Kleid ebenso gut aus wie auf einem Pullover.

Ring
Bei Ringen tragen Sie am besten große Modelle, stilvoll ist ein auffallendes Modell, mehr nicht. Dieser darf dann aber wirklich etwas ganz Außergewöhnliches sein.

Armreif
Armreifen sind toll und geben auch eine bestimmte Note in Ihrem Outfit. Breite Holzreifen verstärken den Hippie-Look, oder machen ein schlichtes Kleid legerer. Filigrane Metallreifen oder breite, gravierte Reifen, mit Stoff überzogen, gemustert…Die Auswahl ist groß!

Ohrringe
Wenn Sie Ohrringe tragen, bieten auch die sich an, eine bestimmte Richtung in ein Outfit zu bringen: große Modelle zu schlichter Kleidung sind ein toller Hingucker. Achtung hier: Entscheiden Sie sich entweder für großen Ohrschmuck oder für eine große Kette, beides ist zu viel, vor allem, wenn es nicht die gleichen Modelle sind.

Schals und Tücher

Sie machen ein Outfit komplett und können Wirkungen entstehen lassen oder auch steigern. Trauen Sie sich, Muster zu kombinieren, auch wenn diese ganz unterschiedlich sind. Das ist modisch und bringt Spannung in Ihren Look. Sie müssen nur darauf achten, dass die Farben harmonieren und Sie nicht mehr als zwei Muster tragen.

Schals und Tücher gibt es in einer riesigen Auswahl – einen Teil davon sollten Sie besitzen! Nutzen Sie dieses Accessoire, um eine knallige Farbe (die Ihnen allerdings gut stehen sollte) ins Outfit zu integrieren, überbreite Modelle, Glanzstoffe, Lurexfäden oder lange Fransen.

Gürtel
Dieses Accessoire ist optimal geeignet, um schlichte oder auch etwas langweilige Stücke in trendige Looks zu verwandeln. Weite Blusen oder Tuniken, aber auch Pullover, Strickjacken und Kleider aller Art werden mit einem hübschen Gürtel zu einem durchdachten Outfit.

Spielen Sie mit den Breiten – feine Gürtel passen gut auf zarte Stoffe, breite eher auf feste – aber auch Schnallen, die auffallen, Farben, Muster, Nieten, Steine … schauen Sie sich um!

Tasche

Natürlich können auch Taschen gut eingesetzt werden und Ihrer Fantasie sind hier keine Grenzen gesetzt. Suchen Sie immer nach dem Außergewöhnlichen, aber übertreiben Sie es auch hier nicht. Wenn die Tasche schon von Weitem auffällt ist das toll – der Rest muss sich dann aber zurückhalten! Große Modelle passen gut zu Ihnen, gerne in allen Formen. Auch Farbe können Taschen gut ins Outfit bringen, hier aber an Gürtel und/oder Schuhe denken, die dazu passen sollten! Schön ist es immer, wenn sich die Accessoires ergänzen, d.h. wenn sich vielleicht die Farben in allen Schmuckstücken wiederholen.

Ihr Outfit im Beruf

Bei Ihnen stellt sich natürlich auch erst einmal die Frage, in welcher Branche Sie tätig sind. Denn um erfolgreich zu sein, ist es immer besser, sich zu überlegen, was die Kunden von Ihnen erwarten! Wenn Sie also in einer kreativen Branche wie der Werbung, im Marketing oder den Medien unterwegs sind, passt Ihr verrückter, auffälliger Style zu Ihnen und wird auch von Ihnen erwartet. Ist die Branche konservativer, sollten Sie etwas feinfühliger vorgehen und sich überlegen, inwieweit und wie extrem Ihr Outfit werden kann. Verstellen sollten Sie sich allerdings wenn möglich nicht, d.h. passen Sie sich an, aber nur so weit es nötig ist! Wenn alle anderen nur Jeans und T-Shirt tragen, heißt das noch lange nicht, dass auch Sie das müssen (es sein denn, es wird vom Betrieb verlangt). Kombinieren Sie eine weite Boyfriendjeans oder eine enge Röhre zu einem Top/T-Shirt mit Aufdruck, Muster oder toller Farbe und dazu eine Jacke Ihrer Wahl: rockig aus Leder, leger aus Jeans, edel mit Blazer, feminin mit feinem Strick …

Wenn in Ihrem Beruf ein Businessdress (Hosenanzug, Kostüm) verlangt ist, müssen Sie dem natürlich nachkommen. Aber überlegen Sie sich, wie viel Freiheit Sie innerhalb dieses Dresscodes noch haben. Meistens ist eine Bluse mit Schluppe oder Rüschen absolut edel und seriös, aber weit entfernt davon, langweilig zu sein. Vielleicht muss es auch nicht der klassische Hosenanzug sein, sondern auch hier sind im Blazer einige Raffinessen eingearbeitet, das Bein extra weit oder sehr schmale, der Rock ist wadenlang mit tollem Schuh … Und natürlich haben Sie immer die Möglichkeit, mit Accessoires der Arbeitsuniform Ihren eigenen Stil zu geben. Gerade im Job ist es aber sehr wichtig, dass Sie sich als Dramatikerin genau überlegen, wie Ihr Outfit wirkt, was Sie erreichen wollen, wen Sie treffen und ob die Kombination zwar außergewöhnlich aber stilvoll ist.

Ihr Outfit am Abend und bei festlichen Anlässen

Im Gegensatz zu Alltag und Beruf können Sie sich bei Einladungen mit Ihrer Mode richtig austoben! Hier können Sie, wenn Sie sich so fühlen, gerne der Mittelpunkt sein, denn Ihre Kleidung macht Sie leicht dazu. Lassen Sie Ihrer Fantasie freien Lauf, werden Sie kreativ, lassen Sie sich von dem Inhalt Ihres Kleiderschranks inspirieren, werden Sie mutig. Am Abend dürfen Sie glänzen und glitzern, mit Weiten spielen und Materialien mixen. Bei festlichen Anlässen am Tag können Sie gut mit Farbe und Accessoires arbeiten. Seien Sie sich aber bewusst, dass Sie auffallen, neidische Blicke auf sich ziehen, Bewunderung ernten oder auch mal provozieren! Wenn Sie aber eine dramatische Frau sind, ist es genau das, was Sie erreichen wollen!

Stilmischung dramatisch-sportlich

Figur Typ 6, Testergebnis 1

Die dramatische Figur ist der sportlichen recht ähnlich, nur das Sie schmaler gebaut sind. Daher passen aber auch die beiden Stile gut zusammen, vor allem, wenn Sie das Gefühl haben, der dramatische Stil ist Ihnen in manchen Situationen etwas zu viel. Mischen Sie also die besonderen Teile Ihrer extravaganten Garderobe einfach mal mit schlichten sportlichen Teilen, tragen Sie einen Hut zum Blazer, eine weite Jeans zum Glitzershirt. Ein Longsleeve mit gekrempelten Ärmeln, eine Chinohose und große Ohrringe, ein toller Gürtel und hohe Schuhe sind zum Beispiel eine tolle Kombination.

Stilmischung dramatisch-klassisch

Figur Typ 6, Testergebnis 5

Eigentlich sind Sie gerne auffällig unterwegs, beruflich muss es aber gediegener sein? Dann brauchen Sie die klassischen Stücke wie Hosenanzug und Kostüm. Sie machen darin auch eine gute Figur und sind nicht so leicht zu übersehen. Da es Ihnen aber schnell darin langweilig werden kann und Sie auf keinen Fall spießig wirken möchten, sollten Sie immer einige Teile dramatisch kombinieren. Das geht mit Farbe, mit Mustern, Rüschen oder Glitzerapplikationen auf den Unterziehern, aber natürlich auch durch Schmuck. Große Ohrringe, eine auffällige Kette, extravagante Schuhe zum klassischen Outfit brechen die Klassik auf. Oder Sie machen knallrote Lippen zu Ihrem Markenzeichen, während Sie sonst absolut korrekt gekleidet sind.

Stilmischung dramatisch-romantisch

Figur Typ 6, Testergebnis 3

Wenn Sie zwischen der dramatischen und der romantischen Figur schwanken, sind Sie dieser Mischtyp. Dabei kann es sein, dass Sie groß sind, die Schultern etwas breiter als die Hüften, aber Sie haben einen gut ausgeprägten Busen und sind insgesamt eher weiblich gebaut als knochig. Das heißt für Sie, dass der dramatische Stil mit vielen weichen, femininen Elementen kombiniert sein sollte. Das erreichen Sie, wenn Sie viele weiche Stoffe wie Strick, Samt, Seide, Chiffon und Satin einsetzen, viel Rot und Pinktöne tragen und eine verspielte Dramatik kreieren. Die Kleidungsstücke sind typisch dramatisch: auffällig und außergewöhnlich, fließend und wallend. Tragen Sie Hosenröcke, lange Kleider, Capes und lange Mäntel mit vielen Zierfalten, vielleicht einen großen Hut, bewegte Ohrringe und viele Ketten.

Mit diesem Look sind Sie gut in der Künstlerszene aufgehoben, vielleicht sind Sie Designerin, Architektin, Malerin oder Inneneinrichterin. Wenn nicht, schauen Sie einfach, ob Ihr Look Ihr Markenzeichen werden kann und wie er auf Ihr Umfeld wirkt. Manchmal ist auch weniger mehr …!

Inventur im Kleiderschrank

Die sogenannten Kleiderschrankckecks bei meinen Kundinnen mache ich besonders gerne. Allerdings habe ich auch den Eindruck, dass es vielen Frauen nicht leichtfällt, sich in den Schrank schauen zu lassen. Vielleicht liegt es an den vielen Kleidungsstücken, die wir mit den Jahren angesammelt haben, die uns eigentlich peinlich sind – wegwerfen wollen wir sie aber (noch) nicht. Oder weil der Kleiderschrank fast so intim ist, wie der Besuch auf dem Sofa beim Therapeuten, denn er sagt viel über uns aus. Eine weitere meiner Vermutungen geht dahin, dass viele Frauen einfach Angst davor haben, die Wahrheit über ihren Schrank zu erfahren! Wenn sie zu mir in die Beratung kommen, dann ist es nur ein Outfit, das vielleicht nicht passt. Aber den GANZEN Kleiderschrank mit anderen Augen zu betrachten, das trauen sich viele nicht. Vielleicht sehen sie mich auch schon mit großen Mülltüten anrücken und – wenn ich gegangen bin – einen gähnend leeren Schrank.

Meistens ist genau das Gegenteil der Fall: mit mir an ihrer Seite schauen Sie genauer hin und sehen den Inhalt Ihres Schranks mit neuen Augen! Im besten Falle haben Sie vorher eine Beratung gemacht – oder dieses Buch durchgearbeitet. Sie stehen nun vor Ihrem Schrank und wissen genau, in welchen Farben Sie umwerfend aussehen und welcher Stil der Kleidung Ihren Typ und Ihre Figur optimal in Szene setzt. Perfekt, denn nun können wir darangehen, dass Ihr Kleiderschrank nicht mehr der Schrecken eines jeden Morgens ist, sondern eben der Schrank, der all Ihre wundervollen Kleidungsstücke enthält, die Sie jeden Tag begleiten.

Schritt 1:
Nehmen Sie sich einen Tag Zeit, vielleicht einen Sonntag, wenn es draußen regnet. Frühstücken Sie gemütlich und sagen Sie eventuell Ihrer Familie Bescheid, dass Sie heute etwas Zeit für sich brauchen. Dann bewaffnen Sie sich mit einem Block Papier (am besten DIN A4), zwei große, weiße Blätter (wenn möglich DIN A3), einem Stift, Kleber, Ihren Farbpass und einem Fotoapparat (Ihr Fotohandy geht natürlich auch). Dieses Buch legen Sie daneben. Legen Sie ein Lesezeichen auf die jeweiligen Seiten, oder noch besser, kleben Sie Post-its ein: Sie brauchen die Seite mit Ihrem Farbtyp, Ihren Stiltyp und diese Seite. Wenn Ihnen das Blättern zu umständlich ist, können Sie die Seiten natürlich auch raus kopieren.

Auf Ihren Block zeichnen Sie auf Querformat folgende Liste oder kopieren diese.

Art	Jahreszeiten-farbe	Basisfarbe	Schick/Beruf	Leger/Freizeit	Geht pur	Braucht Ergänzung

Schritt 2:

Öffnen Sie nun Ihren Schrank. Beginnen Sie nun, in dem Sie Ihre Tops herausholen und auf Ihr Bett, den Boden, einen Stuhl oder was Sie sonst zur Verfügung haben, legen. Nehmen Sie jedes einzelne Top in die Hand und betrachten es nach folgenden Kriterien:

- Ist die Farbe warm oder kalt?
- Gehört die Farbe zu meinem Farbtyp?
- Ist das Top in einer meiner Basisfarben?
- Passt das Top in meinen Stiltyp?
- Ist das Material noch in Ordnung oder gibt es Verwaschungen, Pilling oder vielleicht schon kleine Löcher?
- Schmeichelt das Top in Länge und Schnitt Ihrer Figur?
- Passt es überhaupt noch?

Schlagen Sie auf den jeweiligen Seiten nach und vergleichen Sie das Top mit den Beispielbildern, überdenken Sie die Farbe oder legen Sie den Farbpass darauf. Ziehen Sie das Kleidungsstück auch mal an, wenn Sie sich nicht mehr sicher sind, ob es überhaupt passt und wie es an Ihnen aussieht. Seien Sie streng, wir schmeißen noch nichts weg! Wenn das Top schon älter ist und seine besten Zeiten hinter sich hat, gestehen Sie sich das in diesem Moment bitte ein, auch wenn es viele Jahre zu Ihren Lieblingsstücken gehört hat.

Wenn dieses Top alle Kriterien erfüllt, fotografieren Sie es, sodass Sie es gut erkennen können. Dann tragen Sie es in Ihre Liste ein und fahren mit dem nächsten Modell fort.
Wenn das Top ein Kriterium nicht erfüllt, legen Sie es auf einen zweiten Stapel.
Wenn das gute Stück zwei oder mehr Kriterien nicht erfüllt, bilden Sie einen dritten Stapel.

Wenn Sie alle Tops durchgegangen sind, machen Sie mit den T-Shirts weiter. Und dann die Longsleeves … Immer im selben Schema.

Legen Sie dabei den Stapel mit den Stücken, bei denen alles passt, so, dass Sie ihn gut sehen können, vielleicht auf eine Ecke auf das Bett, dann den nächsten guten Stapel daneben, und so weiter. Die Stapel mit den Kleidungsstücken, die nach unseren Kriterien nicht so perfekt passend waren, legen Sie etwas weiter abseits, damit das Durcheinander nicht zu groß wird. Wenn Sie jemand sind, der sich ganz gut trennen kann, bietet es sich an, den dritten Stapel gleich in einen Wäschekorb oder, wenn die Stücke einfach wirklich nicht mehr tragbar sind, gleich in einen Sack zu tun, um Platz zu schaffen.

Schritt 3:
Speichern Sie nun die Fotos Ihrer Kleidungsstücke auf Ihrem Computer. Dann öffnen Sie das erste Bild und fügen es in einem Bildbearbeitungsprogramm ein, in dem Sie es auf einer Seite vervielfältigen können. Wenn Sie nichts haben, geht auch Microsoft Word, wenn es auch etwas umständlich ist. Fügen Sie das Bild auf einer leeren Seite ein, kopieren Sie es und setzen es daneben, bis die Seite voll ist. Sie sollten das Bild mindestens fünf Mal haben, es muss auch nicht allzu groß sein. Dann drucken Sie das Bild (wenn möglich farbig) aus und schneiden die einzelnen Kleidungsstücke aus. Sammeln Sie jedes Kleidungsstück in einer Klarsichthülle, dann geht nichts verloren. Aus diesen Bildern werden Sie dann kleine Collagen kleben, die die verschiedenen Kombinationsmöglichkeiten in Ihrem Schrank zeigen. Dazu brauchen Sie nun Ihre zwei großen, weißen Blätter und den Kleber. Schreiben Sie auf das eine Blatt »Sommer-Outfits«, auf das andere Blatt »Winter-Outfits«.

Wenn Ihnen das zu umständlich ist, können Sie die Kleidungsstücke auch direkt kombinieren und von den komplett gelegten Outfits Fotos machen. Wer sich allerdings schwer damit tut, bei den vielen Möglichkeiten den Überblick zu behalten, tut sich mit der Collagentechnik vielleicht etwas leichter.

Schritt 4:
Nun haben Sie sich klar vor Augen geführt, was Sie alles im Schrank haben, haben eine Liste vor sich liegen und Fotos gemacht. Die »guten Stapel« auf dem Bett sollten nun Kleidungsstücke beinhalten, die entweder in einer Basisfarbe oder in einer Ihres Farbtyps sind. Wie sieht es aus? Bildet sich nun schon eine Farbharmonie heraus, wie in Ihrem Farbpass? Haben Sie, rein farblich gesehen, jetzt schon das Gefühl, dass alles viel besser zueinander passt?

Dann gehen Sie jetzt daran, Outfits zu bilden! Es ist wichtig, das einmal zu machen, damit Ihnen klar ist, wie viel Sie wirklich zum Anziehen in Ihrem Schrank haben. Sie werden erstaunt sein, was Sie nun alles kombinieren können! Die meisten Frauen haben tolle Sachen in Ihren Schränken und wissen es oft gar nicht. Vielleicht gehören Sie auch zu den Damen, die immer das gleiche Oberteil der gleichen Hose zuordnen – dabei gibt es viele andere Oberteile, die auch zu dieser Hose passen!

Fangen Sie mit dem ersten Top auf der Liste wieder an. Zu welchen Kleidungsstücken könnte es passen? Welche Hose passt farblich und in ihrer Art? Welcher Rock? Unter welchen Pullover, Strickjacke oder Blazer könnten Sie es anziehen?

Sie können nun entweder mit Ihren Fotos arbeiten und diese hin und her schieben, oder Sie legen Ihre Kleidungsstücke zueinander. Ganz Motivierte ziehen es gleich ganz an.
Mit den Fotos können Sie das Top nun nehmen und auf Ihr »Sommer-Blatt« kleben. Darunter kleben Sie die passenden Hosen und Röcke, die passenden Ketten, Schals und Schuhe. Dann schauen Sie noch, welches Jäckchen oder welcher dünne Pullover dazu passen würde, wenn es noch etwas kälter sein sollte, und kleben sie auf.

Wenn Sie nicht mit dieser Technik arbeiten, legen Sie das Top über die passenden Hose oder den Rock, legen die Accessoires dazu und fotografieren es ab.

Seien Sie mutig! Legen Sie alle Sachen einmal zusammen, Sie werden staunen, wie viele Varianten Sie bisher nicht gemacht haben, die super miteinander aussehen. Und wenn nicht, dann haben Sie es zumindest »trocken« einmal ausprobiert.

Schritt 5:
Wie schon gesagt, ist es unheimlich wichtig, dass Sie nicht nur die Kleidungsstücke zu einem Outfit zusammenlegen, sondern auch die passenden Accessoires dazu kombinieren! Dazu breiten Sie alle Ihre Schals und Tücher aus oder hängen Sie über einen Bügel. Natürlich gehen Sie die Fragen aus Schritt 2 auch hier durch, die unpassenden Modelle legen Sie beiseite. Gehen Sie im selben Schema auch bei Ihren Gürteln, Ihrem Schmuck und Ihren Schuhen vor.

Wenn Sie nun also ein Top und eine Hose vor sich liegen haben, betrachten Sie Ihre Schals und Tücher: Welches würde farblich toll passen? Welches ist dünn und kann, auch wenn es wärmer ist, getragen werden? Welche Kette wäre eine Alternative zum Schal, wenn es zu heiß ist? Welcher Gürtel passt, wenn man die Gürtelschlaufen sieht? Oder ist das Top so lang, dass Sie vielleicht einen Gürtel darüber in der Taille tragen könnten? Und welche Schuhe passen nun dazu?

Wichtig ist bei diesem Schritt auch, dass Sie sich noch einmal ganz klar über die Wirkung des Outfits werden! Denn Accessoires sind dabei oft ausschlaggebend. Schauen Sie also, was passiert. Wenn Sie ein neutrales Shirt oder Top und eine Jeans nun mit einem Schal verschönern: Wird es sportlicher, weil der Schal vielleicht kariert ist und Fransen hat? Wird es femininer, weil Sie einen geblümten Seidenschal dazu kombiniert haben? Passt es in Ihren Stil? Schlagen Sie noch einmal im Buch nach! Gefällt Ihnen die Wirkung an sich oder geht es in eine andere Richtung?

Das Gleiche machen Sie nun auch mit allen anderen Schmuckstücken und den Schuhen!

Schritt 6:
Wenn Sie alle Sommer-Outfits mit den Tops durchprobiert haben, nehmen Sie nun Strickjacken, Pullover und Blazer hinzu und schauen, was Sie über das Top anziehen könnten, wenn es kälter ist. Auch hier die Accessoires nicht vergessen, kleben oder abfotografieren, das kommt nun auf unser »Winter-Blatt«.

Ersetzen Sie nun die Tops durch T-Shirts und passen wieder Unterteile, Überzieher und Accessoires farblich an.

Nun sind die Longsleeves an der Reihe, dann die Pullover und so weiter. Binden Sie nun auch Ihre Kleider (wenn vorhanden) ein und schauen Sie, was Sie eventuelle unter oder über ein Sommerkleid ziehen könnten, um es auch im Winter zu tragen.

Wenn Sie möchten, können Sie auch mehrere Blätter anlegen, und nach Anlässen sortieren:
- Welche Kombination ist im Job optimal?
- Wie wird das Outfit eher freizeitlicher?
- Was ist für festliche Gelegenheiten im Schrank?

Denken Sie hier bitte wieder an meinen Tipp, dass einzelne Stücke oft ein ganzes Outfit ändern können und sie nicht immer eine komplett neue Garderobe bei jedem Anlass benötigen.

Schritt 7:
Je nachdem, wie viel Sie an Kleidung haben oder im Zuge der Analyse vielleicht auch gerade ausgemistet haben, entstehen nun mehr oder weniger komplette Outfits. Beschäftigen Sie sich erst einmal mit den Stücken, die wirklich von Kopf bis Fuß einen tollen Look ergeben, die Sie also sofort anziehen könnten. Wenn diese dann alle auf Ihrer Collage festgehalten sind, widmen Sie sich den Stücken, die Sie nicht unterkriegen. Schauen Sie nun auf den Stapel 2, den Sie aussortiert haben. Das waren die Stücke, die ein Kriterium nicht erfüllt haben. Wenn es trotzdem ein schönes Modell ist, setzten Sie es nun in den Kombinationen ein, wenn die übriggebliebenen, perfekten Teile noch zu wenig sind. Überlegen Sie aber, wie Sie mit dem guten Stück umgehen: kann es vielleicht nur mit Schal getragen werden, weil Ihnen die Farbe eigentlich gar nicht steht? Wenn ja, mit welchem wäre das?

Oder ist das Stück etwas eng, und Sie müssen es mit einer Jacke darüber tragen? Welche nehmen Sie dafür?

Oder passt es vielleicht nicht zu Ihrem Stiltyp? Erspüren Sie noch einmal, ob Sie sich trotzdem wohlfühlen! Wenn ja, wie können Sie es kombinieren, dass es sich in Ihrem Stiltyp einfügt und nicht mehr so dominiert? Zum Beispiel ein Seidentop mit weiter Jeans und grober Strickjacke, um es sportlich-legerer zu machen. Oder eine Karobluse mit schmaler Stoffhose, hohen Schuhen, kurzem Blazer und viel Schmuck, um die Bluse femininer wirken zu lassen.

Schritt 8
Werfen Sie nun einen Blick auf Ihre Liste, in das Buch bei Ihrem Stiltyp und auf die Stücke, die Sie nun immer noch nicht in Outfits untergebracht haben. Anhand Ihrer Liste im Vergleich zum Buch können Sie nun exakt sehen, wo noch Lücken in der Garderobe sind.
Was fehlt Ihnen noch, um eine wirklich harmonisch und einfach zu kombinierende Garderobe zu haben? Meistens handelt es sich hier um schnöde Basisteile, die man so ungern kauft, weil sie so unspektakulär sind. Fehlen sie aber, können Sie oft die besonderen Teile in Ihrem Schrank gar nicht anziehen!

Notieren Sie sich nun also, was Sie noch brauchen, wenn:
- Sie ein Kleidungsstück haben, das alle Kriterien erfüllt, aber noch etwas langweilig aussieht und Ihnen das passende Accessoire fehlt, um es aufzupeppen.
- Sie einige Stücke brauchen, um die Kombinationen durch Basisteile zu erhöhen. Was sind das für Stücke? Welche Art, welche Länge, welche Farbe?
- Ihnen Accessoires fehlen. Schauen Sie mit Hilfe des Buches, was Ihre Garderobe ergänzen würde.
- Sie nicht die passenden Schuhe dazu haben.
- Ihnen noch eine Sparte an Kleidungsstücken komplett fehlt, wie zum Beispiel ein Kleid.

Schreiben Sie sich eine Liste mit allen Stücken, die fehlen. Achten Sie aber darauf, dass diese Liste recht genau ist: wenn da »Top« steht, wissen Sie bald nicht mehr, dass damit ein rotes, langes Seidentop gemeint war!

Aber Achtung: auch wenn Sie jetzt sehr motiviert sind, die Lücken zu füllen, erwarten Sie keine allzu großen Erfolge, wenn Sie nun losziehen, und alles auf einmal finden wollen. Über Einkaufen unter Druck schreibe ich gleich noch. Besser ist es, ganz entspannt die Liste im Geldbeutel dabei zu haben, und immer Ausschau nach den aufgelisteten Teilen zu halten.

Schritt 9:
Nun wird es Zeit, dass wir das Chaos in Ihrem Schlaf- oder Ankleidezimmer wieder aufräumen. Aber natürlich sollte auch das System haben, damit Sie nicht bald wieder vor den gleichen Problemen stehen!
Ich rate Ihnen zu einer ganz einfachen Sortierung, nämlich nach Kleidungsstücken. Alles andere hat sich meiner Meinung nach nicht bewährt.

Wenn Sie nach Farben sortieren, hilft Ihnen das bei einer schnellen Outfitwahl gar nichts: Sie haben dann einen Haufen Schwarz vor sich liegen, müssen erst einmal überhaupt etwas daraus finden, wie z.B. eine Hose und gehen dann zum nächsten Farbblock, um auch hier wieder zu wühlen, da Sie ja nicht komplett einfarbig gekleidet sein wollen.

Nach Outfits zu sortieren widerspricht unserem Ziel, dass alles mit allem kombinierbar und anziehbar ist. Wenn Sie fertige Outfits zusammenhängen, brauchen Sie unglaublich viel Kleidung, da ja zum Beispiel immer ein Top, eine Hose und eine Strickjacke mit dem passenden Schal zusammengehören. Dann kommt das nächste Outfit und Sie brauchen eine neue Hose, ein neues Top, eine neue Strickjacke, ein neues Tuch ... Sie werden zwar die beste Kundin in Ihrer Boutique oder Ihrem Kaufhaus werden, Ihr Geldbeutel wird aber dementsprechend leer sein und anbauen müssen Sie auch, weil der Kleiderschrank nicht mehr ins Zimmer passt. Sie sehen schon, auch diese Lösung ist nicht ideal.

Am einfachsten und sinnvollsten ist es, wenn Sie nun alle Ihre guten Tops nehmen, nach Farben sortieren und in den Schrank räumen. Dann fahren Sie mit allen anderen Stücken so fort. Wenn Sie nun also morgens vor dem Schrank stehen, fangen Sie in der Regel damit an, welches Top oder T-Shirt oder welche Bluse Sie anziehen und wählen aus. Dann suchen Sie sich die

passende Hose oder den passenden Rock dazu, dann einen Blazer oder eine Jacke…
All das finden Sie dann übersichtlich beim jeweiligen Thema.
Und wenn Sie nicht mehr wissen sollten, was Sie zusammen tragen können oder was nicht, schauen Sie auf Ihre Collage!

Schritt 10:
Wenn Sie nun alles eingeräumt haben, nehmen Sie Ihre Collage und hängen sie an eine Schranktür. Das darf gerne innen sein, um das Gesamtbild Ihres Raumes nicht zu entstellen.

Wenn Sie nun morgens vor Ihrem Schrank stehen, haben Sie immer die Collage im Blick und können wunderbar daran ablesen, was Sie zusammen tragen können.

Tipp: Überschätzen Sie Ihr Gedächtnis nicht! Auch wenn Ihnen diese Schritt-für-Schritt-Anleitung etwas kompliziert und zeitintensiv vorkommt, es lohnt sich, wenn Sie sich einmal aufraffen. Denn Sie werden doch viele tolle Kombinationen, die Sie in Ruhe ausgearbeitet haben, leider wieder vergessen. Und wenn Sie dann morgens müde und unter Zeitdruck vor dem Schrank stehen, werden Sie wieder auf alle die üblichen Outfits zurückgreifen, die Sie seit Jahren tragen. Dann haben Sie denselben Frust und dasselbe Styling – und Ihre ganze Mühe war umsonst!

Viele Frauen neigen auch dazu, die Accessoires regelmäßig zu vergessen. Auch das kann Ihnen dann nicht mehr so leicht passieren. Und Sie werden sehen, wie gut das neue, typgerechte und durchdachte Styling bei Ihrer Umgebung ankommen wird.

Noch ein Tipp zur Sortierung:
Ein gut sortierter Kleiderschrank in den passenden Farben und Kleidung in Ihrem Stil machen wirklich richtig Freude! Auch ich entdecke immer wieder Kombinationen, die ich so noch nie anhatte. Ein Standardspruch meiner Mutter, wenn wir uns sehen ist: »Ist das neu, was du da anhast?!« Ich muss dazu sagen, dass wir uns fast täglich sehen! Und selten sind die Sachen, die ich da trage, wirklich neu. Sondern einfach neu kombiniert!

Um auf neue Kombinationen zu kommen, haben Sie sich einen Tag lang Zeit genommen, sich mit Ihrer Kleidung beschäftigt und eine »Erinnerungscollage« angefertigt. Außerdem hilft es, wenn Sie die Möglichkeit haben, Ihren Kleiderschrank übersichtlich einzuräumen. Durch die Aufräumaktion haben Sie hoffentlich einige Teile aussortiert, die Platz wegnehmen. Umso besser Sie Ihre Kleidung sehen können, umso mehr Ideen kommen Ihnen in der täglichen Kombination! Denken Sie an eine teure Boutique, in der die Kleidungsstücke so hängen, dass Luft zwischen den Bügeln ist. Hier sehen Sie das Angebot auf einen Blick und beginnen vor Ihrem inneren Auge sofort damit zu kombinieren. Sie sind entspannt, ruhig und haben alles im Blick. Nichts fällt runter, nichts verklemmt sich, nichts versteckt sich.

Und nun denken Sie mal an ein günstiges Kaufhaus. Das Warenangebot ist überwältigend, die Ständer biegen sich unter der Last der Kleidung. Wenn Sie bei dem Anblick von überfüllten Wühltischen und wackelnden Ständern noch die Nerven bewahrt haben und sich daran machen, ein Stück herauszuziehen, fallen meistens alle Nachbarteile mit vom Bügel. Sie haben außerdem überhaupt keine Möglichkeit zu sehen, um welche Stücke es sich auf den Bügeln handelt, geschweige denn, ob diese zusammenpassen.

Auch wenn Sie wie ich ganz cool in den größten Chaoskaufhäusern bleiben – für zu Hause empfiehlt es sich nicht. Ich liebe Kleidung und kann nicht genug davon haben, aber ich rate trotzdem aus eigener Erfahrung, sich das Motto: »Weniger ist mehr« immer wieder mal ins Gedächtnis zu rufen. Wenn Sie für Ihr Leben gerne shoppen gehen und sich nur dann wohlfühlen, wenn Sie fünf schwarze Hosen der gleichen Sorte besitzen, dann versuchen Sie, sich einen Raum frei zu machen, um ein Ankleidezimmer daraus zu gestalten!

Ähnliches gilt für Schals und Schmuck: Wenn Sie diese Stücke fein säuberlich zusammengelegt in einer Schublade oder den Schmuck verschlossen in einer Schatulle aufbewahren, ist die Wahrscheinlichkeit sehr groß, dass Sie nichts davon tragen! Sie müssen Ihre Sachen sehen, denn ich sagte ja schon: vergessen sind sie schnell. Kaufen Sie sich einen kleinen Ständer für Ihre Ohrringe, machen Sie einen Haken an die Wand, um die Ketten aufzuhängen und legen Sie Ihre Schals über eine Stange, einen Bügel oder was Ihnen sonst so einfällt.

Schritt 11:
Leider ist auch die Inventur im Kleiderschrank vergänglich: Die Ordnung schwindet langsam (bei der einen oder anderen auch schneller), neue Stücke kommen hinzu, alte gehen kaputt oder passen nicht mehr. Damit Ihre Mühe nicht umsonst war und Sie den Überblick nicht wieder verlieren, sollten Sie sich immer mal wieder Zeit für Ihren Schrank nehmen! Je nachdem, wie fit Sie sind und wie sicherer Sie sich im Reich der Kleidung bewegen, können diese Abstände kürzer oder länger sein. Wenn Sie sich sehr unsicher sind oder auch noch einiges an Arbeit in Ihre Garderobe stecken müssen, damit diese perfekt zu Ihnen passt, sollten Sie zweimal jährlich den Kleiderschrankcheck widerholen. Vielleicht muss er nicht mehr ganz so umfangreich wie beim ersten Mal sein, aber einen guten Überblick und eine umsetzbare Einkaufsliste sollte dabei entstehen. Ratsam ist es, sich einmal im Februar/März zu überlegen, was Sie an Frühjahr- und Sommerkleidung besitzen und einmal im August/September, um zu sehen, ob Sie gut durch den Winter kommen.

Wenn Ihr Projekt, eine perfekte Grundgarderobe zu haben, schon recht weit vorangeschritten ist, reicht es, wenn Sie alle zwei Jahre mal einen Inventur-Tag einlegen, um sich einen Überblick zu verschaffen.

Einkaufen

Fast jede Frau kennt das Problem: Es steht ein Event an und irgendwie hat die Zeit vorher nie gereicht, um das Passende dafür zu kaufen … Wenn Sie nun in die Stadt spurten, ist die Wahrscheinlichkeit sehr groß, dass Sie 1. nicht das Richtige finden, 2. einen Fehlkauf ergattern, den Sie nie wieder tragen, 3. extrem frustriert nach vielen Stunden nach Hause kommen! Natürlich kann man nie vermeiden, dass solche Fälle eintreten. Aber vorsorgen kann man schon!

Dass »unter Druck« einkaufen weder Freude macht noch erfolgreich ist, wissen die meisten. Ich habe aber auch den Eindruck, dass gezieltes Shoppen genauso frustig und ohne große Ausbeute endet! Das wundert Sie? Mich nicht! Denn im Grunde ist es das gleiche Prinzip wie das »Last Minute Shopping«, auch wenn Sie sich freigenommen haben, die Kinder versorgt sind und Sie erst abends wieder zu Hause sein müssen. Die Zeit macht scheinbar nicht den Unterschied – sondern die Einstellung! Und die ist in beiden Fällen identisch, nämlich die »Jetzt bin ich hier, jetzt muss ich auch was finden«-Einstellung. Und wenn wir unter diesem Druck stehen, fällt es uns scheinbar sehr schwer, Kleidung einzukaufen. Ich denke es liegt daran, dass wir zum Einkaufen entspannt, gesund, gut gelaunt und locker sein müssen, um den Blick für schöne und passende Dinge zu haben. Ich finde die tollsten Sachen, wenn ich eigentlich etwas anderes besorgen, kurz Mittagspause machen oder für meinen Mann Schuhe kaufen wollte! Einfach so! Ich SUCHE die Sachen in diesem Fall nicht, sie lassen sich finden. Wie wunderbar!

Diese Shoppingtouren sind nicht nur körperlich sehr anstrengend, sie bergen auch Gefahren.
Wenn Sie einfach losziehen, mit dem Ziel, »etwas für den Sommer« kaufen zu wollen, passiert meist das Folgende:

A Sie kaufen, wenn Sie das Glück haben und etwas finden, das Ihnen gefällt, einige Einzelteile. Ich hoffe, Sie haben dabei auf Ihren Farbtyp und den Stil geachtet – sonst werden Sie zu Hause feststellen, dass diese Stücke ein sehr einsames Dasein fristen werden und Ihr Kleiderschrank um ein weiteres, kaum tragbares Teil reicher ist.

B Weil Sie nun mal shoppen sind, möchten Sie auch etwas kaufen. Da Sie aber nichts Tolles finden, kaufen Sie das, worin Sie sich sicher sind: die zehnte Jeans, ein weiteres schwarzes T-Shirt oder ein paar Schuhe in genau der Art, wie Sie sie schon zu Hause stehen haben. Damit gehören Sie zu den vielen Frauen, die aus Unsicherheit und einer gewissen Planlosigkeit gerne zu dem greifen, was sie schon in rauen Mengen in ähnlicher Art im Schrank haben!

C Sie lassen sich bequatschen. Da Sie ja nicht genau wissen, WAS Sie suchen, sondern nur, DASS Sie etwas suchen, sind Sie leichte Beute! Welches Glück für die Verkäuferin, die heute von Ihnen den Auftrag bekommt, »etwas Sommerliches« für Sie zu finden. Wenn Sie nun noch Ihr Wissen zu Farbtyp und Stil über Bord werfen, sind Sie plötzlich stolze Besitzerin einiger der neusten Trends – die Armen! Auch sie werden nun, da Sie sich weder in der Farbe noch in der Art des Kleidungsstückes wohlfühlen werden, Ihren Kleiderschrank wohl nur von innen kennenlernen.

D Sie tätigen einen Frustkauf! Denn nach geschlagenen sechs Stunden, in denen Sie alle Geschäfte der Stadt besucht haben, können Sie schlecht ohne ein einziges Teil nach Hause gehen! Um dieses Versagen – und sei es nur vor sich selber – nicht ertragen zu müssen, kaufen Sie einfach irgendetwas! Wahrscheinlich wird es ein reduzierter Winterpulli, den Sie im kommenden Winter längst vergessen haben.

Auch wenn Ihnen das ein wenig überspitzt vorkommt (ausgedacht sind diese Punkte allerdings nicht!), habe ich einige Ratschläge zusammen gestellt, die Ihnen das einkaufen von Kleidung erleichtern können. Denn uns geht es in diesem Buch ja bekanntlich nicht darum, IRGENDWELCHE Kleidung zu besitzen, sondern die PASSENDE!

Meine Tipps für erfolgreiches Einkaufen:

- Schreiben Sie sich, wie bereits erklärt, eine genaue Liste mit allen Kleidungsstücken und Accessoires, die Ihnen in Ihrem Kleiderschrank noch fehlen. Schreiben Sie die genaue Farbe auf (also nicht einfach »Grau«, sondern »Mittelgrau«), denn Sie haben ja beim Kombinieren mit Ihren vorhandenen Sachen festgestellt, dass Ihnen eben genau ein mittelgraues Teil fehlt. Auch das Material, die Länge und natürlich die Art oder Funktion des Kleidungsstücks sollten Sie beschreiben. Diese Liste stecken Sie nun in Ihren Geldbeutel – und holen sie, wenn Sie es nicht schon auswendig wissen – immer heraus, wenn Sie nun in der Stadt sind!
- Haben Sie eines der Stücke glücklich gefunden, streichen Sie es von der Liste. So vermeiden Sie die beliebten »hier bin ich mir aber sicher«-Einkäufe von Punkt b).
- Erweitern Sie die Liste, wenn doch noch ein weiteres Stück Ihre Garderobe ergänzen soll.
- Planen Sie rechtzeitig die Saison, damit Sie nicht in Zeitdruck geraten, weil Sie etwas plötzlich schnell brauchen. Wenn Sie sich allerdings an den Aufbau der perfekten Grundgarderobe halten, haben Sie eigentlich zu jeder Jahreszeit das Passende zur Hand.
- Seien Sie streng mit sich und stellen Sie sich bei jedem Kleidungsstück die Fragen:
  - Passt die Farbe?
  - Passt der Stil?
  - Passt der Schnitt?
  - Passt das Material zu mir?
  - Zu welchem Anlass kann ich es tragen?

- Kann ich das Teil oft einsetzen oder nur ganz selten? Lohnt es sich dann?
- Passt das Stück zu allem anderen in meinem Schrank?
- Wenn Sie zu viele Fragen mit einem »NEIN« beantworten müssen, ist es höchstwahrscheinlich schade um das Geld dafür!

- Seien Sie nicht zu streng mit sich! Sie MÜSSEN nichts kaufen. Stehen Sie dazu, dass Sie mit leeren Tüten nach Hause kommen. Ein toller Trick ist, das für diesen Einkauf eingeplante Geld zur Seite zu legen – wenn Ihnen nun endlich Ihr perfektes Stück über den Weg läuft, können Sie es sich locker leisten!

Fazit

Die Typberatung ist deshalb so wichtig gerade für uns Frauen, weil sie uns die Unsicherheit nimmt, die immer mitschwingt, wenn wir uns stylen. Wir trauen selten unserer Intuition – aber mit dem Verstand können wir nur das beurteilen, was wir durch Regeln und Anleitungen gelernt und gehört haben! Leider ist gerade das Thema »Styling« etwas, dass gänzlich stiefmütterlich behandelt wird, denn keiner kann uns wirklich sagen, was zu uns passt oder auch nicht … Dabei können all die brennenden Fragen von der Frisur bis zum Schuh durch die Sichtweise der Typberatung ein für alle Mal geklärt werden!

Einen großen Teil dieser Reise sind Sie mit diesem Ratgeber gegangen. Wenn Sie ihn durchgearbeitet haben, kennen Sie nun Ihre Farben und beginnen, Ihre Garderobe langsam und allmählich nach Ihrem Stiltyp aufzubauen. Meine eigenen Erfahrungen zeigen immer wieder, dass es sich lohnt, etwas weniger Auswahl zu haben. Das bedeutet, dass Sie sich das Leben nicht unbedingt leichter machen, wenn Sie jeden Trend mitgehen. Es sei denn, Sie können ihn an Ihren Stil anpassen.

Ich genieße es sehr, eine wirklich große Vielfalt an Kleidung zu haben, die ich miteinander anziehen kann, indem ich mich auf die Farben beschränke, die ich mag und die mir stehen. Da ich viel auf Reisen bin, kommt mir das auch beim Packen sehr zugute: Nur einige wenige Teile, die farblich harmonieren, ergeben einige Outfits – und ich kann meinen Koffer alleine noch heben!

Beschränkung ist also nicht das Schlechteste; und wenn Sie dann fit sind, können Sie Ihre Garderobe ohne Probleme erweitern und kreativ an Ihrem Stil arbeiten.

Bekleidung ist etwas Wunderbares! Wir fuhlen uns schön, begehrenswert, freuen uns über die perfekte Funktion zur jeweiligen Situation oder lieben einfach den Stoff des Kleidungsstückes auf unserer Haut. Wenn Sie – auch mit Hilfe dieses Buches – wissen, was Ihnen steht, haben Sie sich ein ganz erhebliches Stück besser kennengelernt und zu sich selber gefunden. Ich freue mich, wenn ich dazu beitragen konnte.

Ihre Anneli Eick